fron_
teiras

Dados Internacionais de Catalogação na Publicação (CIP)
(Câmara Brasileira do Livro, SP, Brasil)

Barcellos, Gustavo
  Fronteira : ensaios de psicologia arquetípica / Gustavo Barcellos. – Petrópolis, RJ : Vozes, 2024.

  Inclui bibliografia
  ISBN 978-85-326-6877-6

  1. Arquétipo (Psicologia) I. Título.

24-201258   CDD-150.1954

Índice para catálogo sistemático:

1. Arquétipo : Psicologia   150.1954
Cibele Maria Dias – Bibliotecária – CRB-8/9427

GUSTAVO BARCELLOS

fron_
teiras

ENSAIOS DE PSICOLOGIA ARQUETÍPICA

EDITORA VOZES

Petrópolis

© 2024, Editora Vozes Ltda.
Rua Frei Luís, 100
25689-900 Petrópolis, RJ
www.vozes.com.br
Brasil

Todos os direitos reservados. Nenhuma parte desta obra poderá ser reproduzida ou transmitida por qualquer forma e/ou quaisquer meios (eletrônico ou mecânico, incluindo fotocópia e gravação) ou arquivada em qualquer sistema ou banco de dados sem permissão escrita da editora.

Conselho Editorial

Diretor
Volney J. Berkenbrock

Editores
Aline dos Santos Carneiro
Edrian Josué Pasini
Marilac Loraine Oleniki
Welder Lancieri Marchini

Conselheiros
Elói Dionísio Piva
Francisco Morás
Gilberto Gonçalves Garcia
Ludovico Garmus
Teobaldo Heidemann

Secretário executivo
Leonardo A.R.T. dos Santos

Produção Editorial
Aline L.R. de Barros
Marcelo Telles
Mirela de Oliveira
Otaviano M. Cunha
Rafael de Oliveira
Samuel Rezende
Vanessa Luz
Verônica M. Guedes

Conselho de projetos editoriais
Luísa Ramos M. Lorenzi
Natália França
Priscilla A.F. Alves

Editoração: Débora Spanamberg Wink
Diagramação: Sheilandre Desenv. Gráfico
Revisão gráfica: Michele Guedes Schmid
Capa: Nathália Figueiredo
Fotografias: Gustavo Barcellos

ISBN 978-85-326-6877-6

Este livro foi composto e impresso pela Editora Vozes Ltda.

Sumário

Nota introdutória 7

1 A imaginação das fronteiras 9
   Sobre abrigos 9
   O deus das fronteiras 21
   A vida secreta dos ângulos 26
   Transposições 31

2 O sul e a alma 35

3 A vertigem das gavetas: ensaio sobre a intimidade 55
   Abrigar, ordenar, proteger 55
   Dentro 59
   Intimidade 61
   Seguimentos 64

4 A psicopoética das varandas 69
   O lugar 70
   A casa 74
   A varanda 80

5 Devaneios da ferramenta: a escuta 85
   Continuidade, penetração, alma – pós-escrito 97

6 A raiz quadrada da alma: duas breves reflexões sobre matemática e alma 101

7 Lixo ordinário 117
   Resíduos 121
   Ganhar não é tudo 124
   Sustentabilidade – pós-escrito 128

8 A espreita: apontamentos sobre a psique e o feminino .. 133

9 Tudo é sempre agora: a psicologia do instante 151

10 A amizade e suas metáforas 173
   Da *fratria* à *philia* 173
   O lado esquerdo do peito 176
   Cachorros quentes e sonhos gelados 184

Referências 189

Nota introdutória

Cada tema dos ensaios deste livro apresenta para mim uma vertigem. A imaginação vertiginosa é uma intensificação do gesto de inquirir. Em sua diversidade, são textos que tocam a prática psicológica e a reflexão cultural juntando observações sobre os nexos relacionais horizontal e vertical. Quis reuni-los aqui porque procuram elaborar, ainda que de modos muito diferentes, um traço em comum: o problema das fronteiras, sempre tão presente no horizonte de uma reflexão sobre a alma, que não conhece fronteiras (como enxergou Heráclito, frag. 45). Cruzar, respeitar, amar, abolir ou transgredir fronteiras compõem as dinâmicas cotidianas entre o próprio e o alheio, o privado e o público, dentro e fora de nós.

Nossas gavetas como modelos para pensarmos a vontade e a resistência à intimidade, as varandas como lugares intermediários do viver e do conviver, a produção simbólica dos espaços construídos, o lixo como o limite entre o possível e o impossível, a amizade e suas bordas, o medido e o desmedido do mundo metafórico da linguagem matemática, o instante, a escuta são algumas das investigações que exploram a imaginação das fronteiras, nossos modos de experimentar limitações, contornos, encontros e desencontros, aproximações e distanciamentos, conexão e desconexão, ipseidade e alteridade. Decidi incluir nesta coletânea meu texto sobre o Sul, que já havia saído em livro há muitos anos, aqui em versão revista e ampliada, por pensar que ele examina uma metáfora psicológica importante que pertence ao horizonte das reflexões sobre fronteiras.

Os dez ensaios deste livro foram escritos para diferentes ocasiões e apresentados em diversos lugares nos últimos anos, e aparecem aqui em versões modificadas ou ampliadas. Uma nota ao final do livro traz as referências de quando foram escritos e dos locais onde foram originalmente apresentados ou publicados. O livro desafia-me com a tarefa de reuni-los.

Devo um agradecimento especial à minha amiga artista plástica Sasha Silverstein pela ajuda com as imagens, e à minha editora Aline Carneiro pelo conhecimento, incentivo e parceria ao longo dos anos.

GB
Pedra Grande
fevereiro/2024

1
A imaginação das fronteiras

O homem é um ser de fronteira que não conhece fronteiras nem limites.
—Georg Simmel

à memória de meu amigo Carlos Moreira

Sobre abrigos

Deixem-me começar com algo que me parece muito importante: a noção de lugar. Como seres vivos e naturais, estamos sempre ligados a um lugar, seja de modo consciente e ativo, seja inconscientemente, sem nos darmos conta. Localizar-se é fundamental e, para fundamentarmo-nos, buscamos nos localizar a todo momento, de um jeito ou de outro. Nessa busca constante, olhamos para dentro e olhamos para fora de nós. Queremos saber onde estamos, precisamos saber onde estamos em nós mesmos e no mundo. Localizamo-nos. E estamos sempre num lugar, sempre localizados, mesmo que na imensidão infinita do espaço sideral, ou no desconhecido e labiríntico ciberespaço, ou ainda no não-onde da imaterialidade de um mundo espiritual. Estamos postos em algum lugar, com relação aos sentimentos, às ideias, e também posicionados nos ambientes em que vivemos, nas relações que nos enlaçam, nas lembranças que temos e que (muito mais) nos têm, nas indagações, nos sonhos e nas reflexões. Queremos e precisamos nos localizar – quando as emoções nos atrapalham, quando nos perturbam as circunstâncias, quando os relacionamentos nos desafiam, quando os contextos nos desorientam, quando não sabemos o que queremos ou o que pensar, quando perdemos o interesse pelas coisas, quando nos apaixonamos, ou quando não estamos entendendo nada. Quando tudo isso nos desloca, buscamos localizações. Perguntamos: "Em que lugar estão as coisas?", "Para onde as coisas estão indo?", "De onde vem isso?" Ficamos horrorizados quando as coisas estão "fora de lugar", e tantas vezes precisamos "pôr as coisas no lugar".

Um lugar é uma posição, um ponto de onde vemos e compreendemos as coisas. Tudo tem um lugar, que é o mesmo que dizer que no mundo há um lugar para tudo, para todos[1]. É isso afinal que está na origem da palavra *situs*, "sítio", o anseio de situar, de compreendermos as situações. *Situs*, *locus* referem-se a qualquer lugar ocupado por um corpo, um corpo numa situação, a estrutura invisível ou o estado das coisas, a localidade onde algo existe ou de onde se origina. *In loco*. O *locus amoenus*, uma paisagem idílico-bucólica que está entre os importantes tópicos da literatura clássica e de muitas mitologias, é o jardim, o mais perfeito dos lugares.

---

1. "Localização" é um tema e uma preocupação essenciais em psicologia arquetípica. James Hillman apresenta uma noção de lugar ligada às forças arquetípicas em uma frase memorável: "Os deuses são lugares" – o que nos faz imaginar, em reverso, que os lugares são deuses. E complementa: "Todos os fenômenos são 'salvos' pela ação de situá-los, o que de imediato lhes concede valor" (Hillman, J. [2013a]. *Uniform edition of the writings of James Hillman: Vol 1. Archetypal psychology*. Spring, p. 43).

Mas também *somos* um lugar. O que somos apresenta um lugar, para nós e para os outros, um ponto de partida, de irradiação de nosso ser. O que somos afirma um lugar, diz o que pertence a nós e ao que pertencemos. As abstrações da linha e do ponto encontram-se no que somos e fazem de nós um lugar.

Pertencemos a um lugar – um país, uma cidade, um bairro, uma casa, uma floresta, o mar. Pertencer pertence à constelação arquetípica do *abrigo*. Nela também estão o ventre, a mãe, a terra natal e o túmulo. Abrigo diz muitas coisas. Mas abrigo é sempre um continente, pois um abrigo contém, realiza sua vocação de conter. Um abrigo é um lugar. Quando queremos ou precisamos interromper o fluxo incessante dos eventos, quando desejamos nos localizar, fazemos vasos, fazemos continentes, ou seja, contemos, entramos num lugar. Estes abrigam-nos, recebem-nos, pois contêm para nós o fluir dos acontecimentos. Realizam o anseio continental. Um lugar nos abriga porque momentânea ou definitivamente pertencemos a ele. Ele é propriamente um continente, uma recepção. E é aqui que podemos começar, aos poucos, uma tentativa de falar de fronteiras. Bem aqui, bem abrigados.

Um abrigo tem portas, portões e, naturalmente, paredes. Portas e paredes, estas se fecham para abrigar. Por sua duplicidade de "abre e fecha", já fazem parte de nosso tema, já nos colocam no universo das fronteiras. Como elementos sonhadores, que fazem sonhar, portas e paredes são necessárias para nos sentirmos abrigados e acolhidos, para o acolhimento dos nossos sonhos e para a quebra eventual desses mesmos sentimentos. Uma parede encerra, é como nossos olhos cerrados. Porém, um abrigo pode ter muros, quando então abrigar é proteger-se ou, de forma ainda mais intensa, defender-se. No entanto, antes dos muros, e de modo muito diferente deles, as paredes nos lembram mais intensamente o pertencimento.

Paredes não são muros. Muros vêm depois das paredes e trazem, como veremos, outra psicologia. Paredes, como as portas e os portões, tanto dividem quanto unem, tanto abrem quanto fecham, pertencendo assim ao mesmo esquema arquetípico. O emparedamento, para Durand[2], está associado ao tema da intimidade, e o anseio por abrigar-se é o desejo de intimidade. Isso, atrás de portas e de paredes. Muita coisa acontece imediatamente atrás das portas – canções, despedidas, silêncios, segredos, maldições, presenças, magia. É um espaço psicologicamente dramático. Os muros, ao contrário, lançam-nos em definições mais duras, mais duráveis e mais hostis.

Muros não são pontes. Muros desligam, destacam. Muros e pontes guardam entre si uma relação de antítese. Em outras palavras, pontes não são desapegos, desafetos, despedidas. São travessias, e se inscrevem no esquema dos elos. Pontes atravessam fronteiras. Pontes são ligações, atravessamentos, atenções deslocadas, e nelas vigoram os olhares divergentes. Em outras palavras, pontes são exercícios de perspectiva, exercícios do olhar. Com elas, aprendemos principalmente sobre o fluxo de olhares, que olhares são fluxos e como são saudáveis esses fluxos para uma economia das emoções, das emoções físicas.

Vincular e separar é próprio do homem, como elaborou Georg Simmel (1858-1918), o eminente sociólogo alemão

---

2. Durand, G. (2002). *As estruturas antropológicas do imaginário*. Martins Fontes, p. 240.

escrevendo na Berlim do início do século XX, em sua famosa metáfora sociológica "a ponte e a porta". É também uma metáfora psicológica: é do humano, e apenas do humano, ligar o separado (fazer pontes) e separar o ligado (fechar portas). A ponte nos envia essa verdade. Só quando fazemos pontes podemos perceber duas margens, antes indiferentes uma à outra. Então, para vincular, antes teremos podido separar. Voltaremos logo a olhar para as pontes[3].

Fronteiras não são muros. Mas fronteiras podem virar muros. Muros são sempre a alucinação das fronteiras, a fronteira levada a seu extremo patologizado. Em outras palavras, o muro é o sofrimento da fronteira, quando ela então experimenta seu veneno e desconhece sua vocação de união, adentrando, pedaço a pedaço, tijolo por tijolo, o pesadelo da separação, da segregação, da discórdia, quando separação não quer dizer discriminação, distinções, mas desunião, muitas vezes rechaço paranoico do Outro. Fazer distinções é importante e necessário. Faz ego e, com o ego, o mundo civil. As distinções do ego criam limites, e portanto coagulam experiências, ajudam a formar posições, ideologias, a dar forma a projetos e planos. Toda forma vem dos limites. O próprio ego ganha forma a partir do estabelecimento de limites, da função separadora dos limites. Limites geralmente nos mostram onde as coisas terminam, assim nos ensinando algo sobre a finitude, e,

---

3. "Ser que vincula e que, para tanto, deve sempre separar, ser que, se não separar, não tem como vincular, o homem primeiro precisa apreender em espírito a mera existência indiferente de duas margens como uma separação, para então vinculá-las por meio de uma ponte" (Simmel, G. [2014]. Ponte e porta. *Serrote 17*, 69-75). Juntar e separar também estão presentes no esquema do fiar e tecer.

nesse sentido, são uma preparação para a morte. Por outro lado, aquilo que as fronteiras distinguem, fazem-no apenas indo ao fundo do paradoxo da união. Em outras palavras, muros são modos de desencontro, são separações, sonhos separatistas, sonhos de diferenças desapreciadas, e com eles estamos isolados. Separatismo é a doença da separação, separação como doença.

Será preciso uma psicologia da separação para entendermos profundamente os muros e o que eles fazem dentro de nós. A operação que levanta muros dentro de nós é um elogio da separação. A alquimia entende essa operação como importante e imprescindível para o estágio inicial da obra, conhecido como *nigredo*, e a chama de *separatio*, a arte de dissolver os metais para separar o puro do impuro, o espiritual do corpóreo. Todas as outras operações subsequentes – coagulação, conjunção, fixação, circulação – não podem acontecer sem que ela tenha sido realizada na alma; é o mesmo que dizer que somente aquilo que foi primeiramente separado poderá ser adequadamente reunido. Uma lição de psicologia aplicada. Essa operação está presente na literatura, nas belas artes, na canção popular. Mais perto de nós, à guisa de exemplo, apreciemos estes versos de Vinícius de Moraes[4], poeta do "Soneto da Separação", que já nos entrega toda essa psicologia:

> De repente do riso fez-se o pranto
> Silencioso e branco como a bruma
> E das bocas unidas fez-se a espuma
> E das mãos espalmadas fez-se o espanto.

---

4. Moraes, V. (1974). *Antologia poética*. José Olympio, p. 115.

Muros, em geral, são paixões, são fruto de paixões invertidas. Sempre um muro denuncia uma fixação, um modo de olhar para o mundo que se tornou rígido, uma ideia fixa, que gostou de fixar-se dentro de nós. Por trás de um muro, há sempre um mundo fixado, emparedado. A ausência de plasticidade dos muros, sua vocação para o unívoco e o acabado, a fixidez de suas interpretações, a solidez de sua verdade, acentuam a mentalidade dogmática. Todo muro mostra uma propensão para o dogma. Muros levantam oposições, constroem diferenças vividas como irreconciliáveis, diferenças que já deixaram de ser apreciadas, deixaram de ter valor. Muros nos envolvem com as filosofias dualistas do sim e do não, num movimento de clivagens e lateralidades, isto ou aquilo, e com a lógica das exclusões. Muros são monoteístas, lineares, pois encaram uma só verdade exclusiva de cada vez. Os muros elevam artificialmente o valor das coisas. A antítese e a hipérbole são suas figuras de estilo.

Um muro é portanto um borrão, apaga a apreciação das diferenças. No momento em que erigimos um muro, dentro ou fora de nós, somos deixados apenas com dois lados, apenas com duas posições divergentes. A variedade de posições é reduzida à sua condição binária. Sendo borrões, os muros participam do esquema psicológico da negação.

Se falo de muros, é para melhor apreciar seu desdobramento eficiente: as fronteiras. Fronteiras são mais amplas do que os muros, e como elementos intermediários podem ser constantemente transformadoras. O significado mais profundo e fundamental da fronteira está refletido apenas em parte nos muros. Fronteiras são posições, não o-posições, e marcam diversos lados dentro de nós. Esses lados são múltiplos, como geralmente em qualquer situação significativa. A imaginação das fronteiras entende um mundo variado, de muitas nações, de muitas noções. A ideia das fronteiras é em si uma ideia heteroafetiva.

Os muros apresentam "a preocupação diurna e solar da distinção"[5], que nunca de fato se afasta muito de nossos impulsos mais heroicos. Assim, os muros integram elementos masculinos; as fronteiras, femininos. As fronteiras colocam no feminino aquilo que nos muros está no masculino. Colocam no feminino todo o pensamento dos muros e dos limites.

Agora vivemos novamente num tempo de muros, de sonhos murados. Precisamos aprender a trabalhar melhor os muros dentro de nós, pois eles interferem em nossas concepções de fronteiras. Para tanto, quero tentar uma *poiesis* das fronteiras, ou seja, um entendimento das fronteiras, digamos, "para dentro", e não "para fora", a partir de *sua* perspectiva imaginal própria, fronteiriça e numinosa. Fazer fronteira. Assim como no movimento habitual de qualquer psicanalista, precisamos "entrar dentro" da ideia de fronteiras para entender sua *psyché*, sua alma. Imaginá-las por fora significa apenas as ver como bordas ou fossos, trincheiras entre lados opostos, defesas, resistências, fortificações, e seus desdobramentos lógicos nos movimentos separatistas, nos purismos ideológicos paranoides, nas fúrias nacionalistas narcisistas, no medo de invasões bárbaras, nos controles imigratórios, nas exclusões hostis, na xenofobia, nas preocupações urgentes com segurança e armamento, nas muralhas das cidades, nas grades dos

---

5. Durand, 2002, *op. cit.*, p. 268.

edifícios urbanos, nos gabinetes de defesa, no militarismo, na espionagem, que apenas literalizam as fronteiras em muros. Muros estão presentes também na misoginia, no racismo, na LGBTfobia, nas cisões ideológicas intransponíveis, nos extremismos políticos, no comprometimento da comunicação e do diálogo. Muros, sejam físicos ou não, são o resultado de não entendermos as fronteiras como campos intermediários, as fronteiras como conexão. A função de conexão está na alma das fronteiras[6]. Vista a partir de sua interioridade inteligível, uma fronteira não é separação, é união. Fronteiras são zonas de convergência. Fronteira é uma zona, zona fronteiriça.

O muro é mudo, a fronteira fala[7]. O que escutamos quando ouvimos a palavra *fronteira*? Ela serve a tantos saberes, designa abstrações tão importantes, constrói tantas narrativas sociais, provoca tantos clamores ideológicos, envolve gestos tão políticos, define os estados, afeta igualmente homens e países, está presente em terras, ares e mares, evoca tantas fantasias arquetípicas de territorialidade e domínio, soberania e independência, igualdade e diferença, local e estrangeiro, que uma psicanálise das fronteiras resumiria para nós o Mundo.

Há fronteiras por toda parte, fronteiras de raça (entre cores de pele ou lugares de origem), de gênero (cis ou trans),

---

6. O processo de globalização a que assistimos no planeta nas últimas décadas enfraqueceu o conceito de pátria e de fronteira, e o que agora vemos nos devolve aos pesadelos dos muros. No plano do indivíduo, trata-se de um enfraquecimento na noção de identidade.

7. Para Carlos Drummond de Andrade ([1955]. *Fazendeiro do ar e poesia até agora*. José Olympio, p. 215), o muro é *surdo*: "Em vão me tento explicar, os muros são surdos", diz em "A flor e a náusea".

de idade (entre fases da vida), de saúde (entre enfermidade e sanidade), de psiquismos (entre razão e loucura), a fronteira irredutível que separa os homens mortais (*athanatoi*) dos deuses imortais (*thnetoi*), entre vida e morte (*bíos* e *thánatos*), e também as fronteiras psicológicas entre ego e alma, o Eu e o Outro, o Eu e o Inconsciente[8].

Fronteiras são muitas vezes entendidas pelo viés do arquétipo do herói, quando então trazem consigo a fúria expansionista. A "expansão de fronteiras" é um impulso arquetípico, e a história testemunha muitos de seus momentos, com guerras e massacres, tratados e acordos, diplomacia e protocolo. Começa e termina no ego. Uma psicologia baseada em expandir fronteiras, ou seja, na ampliação da consciência, no desenvolvimento de habilidades e nas lógicas da conquista, da adaptação e do autoconhecimento (o projeto de tornar consciente o inconsciente) é uma psicologia expansionista. Não faz alma, faz ego. Fronteiras (e neste ponto, os limites) e expansões (e neste ponto, o crescimento) estão arquetipicamente relacionadas: umas parecem constelar as outras. Formam assim uma sizígia[9].

Quase sempre usamos a palavra "fronteira" para nos referirmos a limites, bordas, margens, demarcações, extremidades, limiares; linha convencional que marca os confins

---

8. Uma consciência fronteiriça é necessária também à prática da psicoterapia. Veja-se a longa exposição dessa ideia que faz Rafael López-Pedraza (1999) em seu livro *Hermes e seus filhos*.

9. Em nossa psicologia arquetípica, o politeísmo ensina-nos uma lição sobre a noção de fronteiras: ensina que os deuses, os poderes, sabem até onde podem ir, que se instituem em cosmos figurados que se consideram em seus limites. Os deuses estão *limitados* uns pelos outros, limitados em suas próprias imagens.

de um Estado. Mas fronteiras, quando consideradas em si mesmas, por meio de seu próprio imaginar, são comunicação, diálogo, o lugar onde dois (ou mais) elementos se encontram, onde podem se enxergar – não onde se dividem, ou se desunem, ou se partem, corações partidos. Isso parece crucial para a imaginação das fronteiras: o ponto onde há encontro, ponto de contato. Por trás de uma fronteira, há sempre um acordo, um acordo de vizinhança, e de diferenças. Uma fronteira é sempre heterogênea. Em outras palavras, fronteiras não são divisórias, são junções. Uma fronteira, a meu ver, vincula, não separa. Aquilo que separa são os muros. E sabemos que uma das maneiras mais significativas de vivermos junções é certamente por meio de sua metáfora mais potente e vivaz: as pontes. Uma ponte é uma poética física das uniões.

O ego projeta pontes, mas é a alma que as trafega.

Sob as pontes, passam os rios. Também os rios são importantes para a imaginação das fronteiras. Rios são notórios marcadores de fronteiras. Tantas vezes linhas de fronteira estarão traçadas por um rio, pois muitas delas foram e ainda são demarcadas por eles, o que traz para a imaginação das fronteiras um elemento líquido, fluido, flutuante, corrente, para enfrentarmos a fixidez e a tensão da topologia demarcatória. Ao demarcarmos, fixamos. É o risco que corremos sempre que precisamos marcar posições. Uma topologia das fronteiras esteve e está ligada fortemente ao fluxo dos rios, o que faz deles fronteiras genuínas.

A sinceridade dos rios é inquestionável. Tantos poetas sabem disso, de Eliot a Bandeira, de Dante a Blake e a Mario de Andrade. Os rios são para nós entes queridos. Quem não ama ou não amou um rio? Quem deixou de amar um rio na oportunidade feliz de sentir uma fronteira marcada por ele? De sentir pela primeira vez um "além"? Amamos os rios pelos presentes que eles nos dão, inúmeros; entre eles, mais do que tudo, sem dúvida, a ideia de fluxo, que serviu a tantos filósofos como uma metáfora da vida, como uma metáfora da alma. Ainda mais: eles nos dão a bela ideia das margens e, com as margens, a experiência das travessias. Isso, na voz de Eliot[10], ecoa assim:

> Não sei muito acerca de deuses, mas creio que o rio
> É um poderoso deus castanho – taciturno, indômito e intratável,
> Paciente até certo ponto, a princípio reconhecido como fronteira,
> Útil, inconfidente, como um caixeiro-viajante.[11]

O deus das fronteiras

Por causa exatamente das margens e das travessias, entendo que uma fronteira leva-nos à consciência do "entre", do espaço intermediário, do espaço mercurial por excelência. Marca a aparição de uma consciência hermética. Hermes era adorado nas fronteiras, o que implica que a consciência das fronteiras é uma consciência hermética. "Fronteiras aparecem em qualquer lugar assim que adentramos aquela duplicidade da mente que escuta dois modos ao mesmo tempo"[12]. O que caracteriza a consciência das fronteiras é a duplicidade da mente. Hermes

---

10. Eliot, T. S. (2004). *Poesia*. Arx, p. 359.

11. *Ibid.*, p. 359.

12. Hillman, J. (1999). *O livro do puer: ensaios sobre o arquétipo do puer aeternus*. Paulus, p. 170.

testemunha para nós essa duplicidade, mas há outra figura mítica mais agudamente ligada à consciência dupla, um deus que, para a imaginação politeísta clássica, está ligado à força primordial que deu forma ao universo (também chamada pelos gregos de *caos*), um deus com duas cabeças que olham simultaneamente para lados opostos, um deus cuja estátua, um exemplar em pedra, Freud adquirira para colocar em seu consultório. Será o deus da psicanálise? É uma figura em que duas faces ligadas de costas olham uma para frente, outra para trás, uma para o passado e outra para o futuro, e que portanto considera dois pontos de vista ao mesmo tempo, sem vivê-los necessariamente como opostos, ou mesmo como alternância, fusão ou conjunção. Divindade de personalidade complexa, que não encontra correspondente em outras mitologias indo-europeias, impõe-se protetora ou ameaçadora. Falo de Jano, *Ianus*, o deus romano que preside sobre os começos e os fins, deus das mudanças e das transições, das transposições. Jano concretiza sua epifania nas portas e nos portões; neles, celebra a dialética do abrir e fechar. É representado portando uma chave, geralmente na mão esquerda – ele é o porteiro. Sua existência afirma para nós que tudo pode ser um portal, ainda que não enxerguemos o portal. Sempre que iniciamos ou terminamos algo, temos a possibilidade do portal, a possibilidade de adentrar ou sair, a possibilidade de uma *ruptura de nível*, como ensinavam os alquimistas, o trânsito de um estado para outro. Assim, sua dominância arquetípica envolve nossas experiências com entradas e saídas, com passagens e transições, ou seja, com fronteiras. A fronteira é um modo de viver o mundo criado no cosmo janosiano.

É certo que Hermes é perfeitamente um deus das fronteiras, pois é deus do comércio, dos intercâmbios, das barganhas e transações de trocas que se dão nos limites, nas fronteiras do mundo e de nossa psique. Com ele, mercamos. Com ele, negociamos. Isso é tão importante psicologicamente que Rafael López-Pedraza nos diz que, nada mais nada menos, "a negociação tem sido um dos caminhos para a sobrevivência natural"[13]. Como Senhor das Estradas, Hermes "demarca nossos trajetos e limites psicológicos" e, assim, "assinala o perímetro de nossas fronteiras psicológicas e estabelece o território a partir do qual, em nossa psique, tem início o desconhecido, o estrangeiro"[14]. No entanto, quero crer que a presença de Jano nas fronteiras é ainda mais definitiva do que a de Hermes, mais profunda e definidora, pois salienta a sua membrana, seu poro, sua entrada e sua saída, seu trânsito, sua transação, mais nitidamente do que o fato de fronteiras serem limites. Hermes faz conexões, mas Jano é a passagem, aquele que abre (ou fecha) a porta para a conexão.

De modo diferente de Hermes, Jano é também deus do comércio, pois é deus do transporte, deus das transposições. Como a energia que domina a experiência das viagens e do intercâmbio, ele estará presente em aduanas, alfândegas, imigrações, postos de controle, docas, passaportes, vistos, bagagens, importações e exportações, comércio exterior, relações internacionais, diplomatas, embaixadores, exilados, refugiados, extraditados, expatriados, deportados, em tudo aquilo que pertence ao cosmo fronteiriço,

---

13. López-Pedraza, R. (1999). *Hermes e seus filhos*. Paulus, p. 96-97.
14. *Ibid.*, p. 15.

sua regulação, sua dinâmica, seu dínamo, ali onde nossas vidas podem caminhar para frente ou para trás, mudar de lugar, momentânea ou definitivamente.

A etimologia de Jano parece querer dizer "estar aberto", pois ele está na proteção aos começos, e daí o nome *januarius* para o mês que inicia o ano no calendário romano – janeiro, o mês da nova porta. É o deus dos amanheceres. Ovídio faz sua descrição do deus em seu livro *Os fastos*, conhecido porque trata do calendário romano instituído por Augusto, onde o poeta latino apresenta as principais festividades e os cultos da Roma Antiga e sua mitologia. A obra compreende apenas seis livros, cada um referente a um mês do calendário, apenas de janeiro a junho, pois ficou incompleta.

Ele é Clusius, aquele que finda, é Consivius, o iniciador da vida, é Geminus, o duplo, é Matutinus, a luz da aurora, é Patulcius, aquele que abre, Quirino, Popanon, Pater, mas principalmente chamado Janitor, seu epíteto de porteiro, sinalizando que, conforme sua vontade, as portas se abrem ou se fecham diante de nós[15]. Aberturas e fechamentos, chegadas e partidas estão em todas as experiências mais cruciais que temos. Jano é, portanto, o movimento inicial em todas as coisas, movimento que abre ou fecha portas,

---

15. "Se buscarmos a etimologia da palavra, *janela* deriva do latim vulgar *januella*, diminutivo de *janua* (ou *iannua*) que designava a porta, passagem, entrada, acesso. Já *jānus* (*iānnus*), substantivo masculino, designa passagem, arcada, pórtico ou galeria abobadada no fórum, onde os banqueiros e cambistas tinham suas lojas: *Janus medius*, 'a bolsa de Roma', isto é, o meio do templo de Jano onde ficavam os banqueiros. Porém *Jānus* (*ian*), substantivo próprio masculino (Jano), era a divindade das portas de passagem" (Jorge, L. A. [1995]. *O desenho da janela*. Annablume, p. 21).

que nos permite avançar ou recuar, e é isso que me faz entendê-lo como a força arquetípica presente nas fronteiras. Dito dessa forma, compreendemos inteiramente que é nas fronteiras que tudo começa.

Em muitas de suas representações, sempre tão perturbadoras, Jano também pode aparecer com uma cabeça barbada de ancião e outra de jovem imberbe, perfazendo assim uma imagem de *senex et puer*, de união de velho com novo e de novo com velho, a união dos iguais, imagem que cura um arquétipo cindido. União paradoxal é sua marca, o que o coloca em linha com outras criaturas monstruosas da mitologia, tais como o grifo, as esfinges, as harpias, o andrógino, o Minotauro, as quimeras.

Jano é deus da horizontalidade, pois não olha para cima ou para baixo, olha para leste e oeste, percorrendo ao mesmo tempo o campo nivelado dos acontecimentos de passado e futuro, de ir e vir, numa simetria de perspectivas. Esse é seu eixo, um eixo lateralizante, simétrico. Já norte e sul pertencem a outro esquema arquetípico, mais espiritualizado, e marcam o eixo vertical e seus sonhos de elevação e abismo, voo e vertigem. O eixo horizontal, leste-oeste, ao contrário parece afirmar, como o próprio deus, as experiências do mundo e do fazer alma (*soul-making*)[16] neste mundo, quando então estamos mais envolvidos com os enlaces e desenlaces do ao redor.

---

16. A ideia de *soul-making*, tão central no pensamento de James Hillman, é muito complexa e bonita. Em inglês, naturalmente, o termo é bastante sugestivo. Foi sempre um desafio traduzi-lo, e sempre se perde algo na tradução. *Lost in translation. Traduttore traditore.* "Cultivo da alma", "fazer alma": as duas traduções estão corretas, e têm sido usadas na medida em que se fazem mais eloquentes, uma ou

A vida secreta dos ângulos

Deus da dualidade, Jano inicia o modo de consciência duplo. Suas duas cabeças copresentes e coeternas indicam as alternâncias de perspectiva que se dão particularmente por meio do ângulo de 180 graus. Também os ângulos desenham poéticas.

A existência dos ângulos é tão potente quanto a da linha reta. A linha reta é inflexível, é criação do homem, como dizia Oscar Niemeyer, não da natureza – curvilínea e sinuosa – ou dos deuses – flexíveis e contraditórios. É uma abstração espiritual. Mas, para quem olha poeticamente, ela aparece no tronco de uma árvore, no horizonte infinito, num floco de neve; assim como, por exemplo, na agudeza da mente de Apolo, o "poderoso flecheiro"[17],

---

outra, num determinado contexto. Uso, na verdade, as duas. Em algum momento, "cultivo de alma" me pareceu mais interessante porque mais polissêmico, indicando a ideia de cultivo, processo, tempo, trabalho, espera e cuidado, como na agricultura ou na botânica. Cultivar é o que faz o agricultor, a pessoa de cultura, o poeta, o pintor; é um fazer mais dilatado no tempo; é um fazer mais paciente, que envolve uma grande dose de persistência, e os alquimistas diziam: em sua paciência está a sua alma. Almas cultivadas. Abre um leque mais poético de sentidos, o que tem a ver com o pensamento de Hillman e da psicologia arquetípica, embora "fazer alma" também possa, por sua vez, aludir à *opus* alquímica, a ideia de obra (metáfora bastante junguiana). A palavra *fazer* também traz seu imaginário. Se somos feitos da matéria dos sonhos, é preciso também compreender que a alma não é algo simplesmente dado, mas algo que precisa ser feito, precisa ser engendrado de alguma forma em nós, por um processo de engajamento ativo. É uma tradução, ainda que correta e interessante, mais literal.

17. Otto, W. (2005). *Os deuses da Grécia*. Odysseus, p. 66. "Sabe-se o quanto era natural para os gregos conceber o reto conhecimento segundo a imagem de um bom disparo do arco" (p. 68).

arqueiro que nos ensina a arte do tiro, a arte da linha reta. Retas e curvas, retas e ângulos compõem nossa vida com a natureza e com os deuses.

Nossa vida psicológica nas metrópoles modernas está toda baseada na linha reta euclidiana, a linha heroica, a linha da competitividade, do ganho e da perda, do sucesso e do fracasso, da rapidez – retóricas da linha reta. A imaginação euclidiana entende a reta como a menor distância que une dois pontos distintos. É o primeiro de seus famosos cinco postulados[18]. Em larga escala, ainda somos euclidianos na mente, pois o governo predominante de nossas existências de alma quer chegar em menos tempo e de forma mais direta a seu ponto culminante. É a linha da razão. Fernando Pessoa[19] a sentiu em seu famoso "Poema em linha reta":

> Nunca conheci quem tivesse levado porrada.
> Todos os meus conhecidos têm sido campeões em tudo.

A geometria fascina como a mitologia e a alquimia. Suas concepções, suas imagens, seus usos e seus instrumentos

---

18. Os postulados de Euclides são: (1) Dados dois pontos, há um segmento de reta que os une; (2) Um segmento de reta pode ser prolongado indefinidamente para construir uma reta; (3) Dados um ponto qualquer e uma distância qualquer, pode-se construir um círculo de centro naquele ponto e com raio igual à distância dada; (4) Todos os ângulos retos são iguais; (5) Se uma linha reta cortar duas outras retas de forma que a soma dos dois ângulos internos de um mesmo lado seja menor do que dois retos, então essas duas retas, quando suficientemente prolongadas, cruzam-se do mesmo lado em que estão esses dois ângulos.

19. Pessoa, F. (2001). *Obra poética*. Nova Aguilar, p. 418.

comportam metáforas, suportam conotações metafóricas. A geometria, mesmo sendo uma abstração e estando portanto alinhada com o espírito, com *nous* – vejam-se, para isso, as lições transcendentais da assim chamada geometria sagrada –, pode também nos entregar toda uma psicologia, ou seja, uma disciplina que permite a compreensão da psique. O esquadro, a régua, o compasso, o transferidor são também lindos instrumentos da alma. Tudo a alma desenha: o raio, o arco, áreas, circunferências, volumes, perímetros. Uma psicologia profunda exige uma geometria íntima. O centro, a periferia, o círculo, os triângulos, os poliedros, a espiral, o ponto e a linha: as intuições geométricas são também metáforas da alma nas quais ela reflete seus processos. Para acentuar essas metáforas, consideremos os ângulos.

A psicologia dos graus conta-nos da vida secreta dos ângulos. O ângulo de 45 graus é oblíquo, o de 90 graus é perpendicular. A *obliquidade* do ângulo de 45 graus marca tudo aquilo que nos incide com a qualidade do viés, quando enxergamos outros aspectos nas mesmas situações, vistas um pouco mais para cá ou um pouco mais para lá. Quarenta e cinco graus, um ângulo agudo, surge quando consideramos as coisas de soslaio, de esguelha, diagonalmente, trazendo ao foco outros aspectos que complementam a compreensão, quando entendemos as coisas de um modo ligeiramente diferente do nosso habitual. Com ele, já teremos aberto uma outra perspectiva, e por essa razão o ângulo de 45 graus é também o mais frequente na psicoterapia. Com ele *fazemos* psicoterapia. A psicoterapia é a arte da obliquidade. O ângulo de 45 graus enviesa-nos, e então vemos algo de modo transversal, ou inclinado, o que nos faz melhor enxergar. São momentos súbitos de consciência aguda, onde existe a possibilidade do diálogo. A poesia da obliquidade incide em várias almas. Os ângulos agudos nos oferecem planos inclinados. As obliquidades são nossas inclinações.

Já a *perpendicularidade* do ângulo de 90 graus marca uma alteração de perspectiva que traz consigo o inesperado, o surpreendente e o difícil. Não exatamente o contrário do que estávamos considerando, mas algo totalmente diverso, que vem de um lugar inusitado, não pensado, trazendo o insólito, que nos desarranja mostrando alguma coisa que vem lateralmente, de onde não estávamos esperando, para onde não olhamos sem razoável esforço. Aqui, não há diálogo ou mesmo conciliação. Por isso, os acontecimentos do ângulo de 90 graus são geralmente aqueles que nos *levam* à psicoterapia. Na astrologia, "aspectos" são posicionamentos angulares entre planetas; o aspecto da quadratura, formado por ângulos de 90 graus, desafia a capacidade de desapego, cria atritos e obstáculos, representa crise, pontos de mutação e de transição, tensão. Urano e seus trânsitos, chamado em astrologia de "planeta da revolução", confirmam para nós essas experiências com visões e ideias que nos atingem a 90 graus. Em psicologia, associa-se ao arquétipo do *puer*. Na mitologia, governa o céu estrelado. Indica momentos de reviravolta, de rebeldia visionária, de desconstrução[20]. A potencialidade de inovação e originalidade dos ângulos de 90 graus,

---

20. O *puer* é uma pergunta, a capacidade de fazer as perguntas. A resposta é a responsabilidade, função do *senex* (responsividade).

das tensões mais intensas, pode romper as fronteiras de padrões antigos e superados, quando olhamos para outra direção, numa mudança de visão de ângulo reto. A poesia da lateralidade faz parte de vários estilos revolucionários e traz, em geral, o novo.

O ângulo de 180 graus, o mais exigente de todos, é o ângulo de Jano. Chamado ângulo raso, trata de uma mudança total de perspectiva, apresentando-nos ao mais alto grau de desafio psicológico, pois com ele estamos diante de tensões complementares. O ângulo raso se parece com a linha reta, mas é bom perceber que ele não é a linha reta; é, em vez disso, o resultado de uma abertura radical, pois abre um movimento extremo a partir da coincidência de semirretas que possuem uma origem comum, ou seja, uma posição original determinada. Em psicologia, "posição original determinada" significa "identidade". O ângulo raso, pois, subverte a identidade. Na astrologia, esse ângulo apresenta as oposições complementares mais explícitas. Indica conflito, mas também estagnação. Essas tensões conflituosas, que podem ser experimentadas também como negação mútua, indicam necessidade de negociação, uma necessidade maior de diálogo. Jano, o dono do ângulo de 180 graus, enfatiza a dualidade nas questões fundamentais de bem/mal, dia/noite, acima/abaixo, sagrado/profano, próprio/alheio, interior/exterior, verdade/mentira, até a mais decisiva das duplicidades: vida/morte. O bifrontismo de Jano nos ensina a caminhar pelas dualidades da vida quando se manifestam em momentos importantes, momentos de transposições. Esses são momentos em que podemos cruzar fronteiras.

Transposições

Jano preside sobre tudo em que existam duas possibilidades concomitantes. E em quê não há sempre ao menos duas possibilidades? Alto e baixo, direita e esquerda, frente e costas. Jano está aí para mostrar, além do mais, que tudo que é dual é do homem, pois a condição divina estabelece a simultaneidade, marca o Todo de um cosmo. Jano realiza um olhar retrogressivo e um olhar progressivo *ao mesmo tempo*. Em poucas palavras, a simultaneidade é sua lição. Seu mundo não é oposicional. Jano é a mesma pessoa olhando o passado e o futuro, ao mesmo tempo visor e retrovisor, a mesma consciência em dualidade simultânea: uma consciência que está olhando para frente e para trás no mesmo momento, simultaneamente origem e meta, *arché* e *telos*.

Estamos sempre entre o passado e o futuro, e só uma consciência dupla janosiana poderá de fato nos entregar o *presente* com sua carga de complexidade. Eliot[21] também conhece profundamente essa psicologia da dualidade, matéria de "Burnt Norton", primeiro de seus *Quatro quartetos*:

> O tempo presente e o tempo passado
> Estão ambos talvez presentes no tempo futuro
> E o tempo futuro contido no tempo passado.

"Passado-futuro" pode ser chamado esse tempo, que é em tudo diferente do futuro do pretérito, por exemplo, pois este ainda está naquela linearidade que entende o

---

21. Eliot (2004). *Op. cit.*, p. 333, 335.

tempo apenas em sua inflexão cronológica. "Passado-futuro" é um tipo de presente, um presente total, o tempo da psique, da alma inconsciente, que não conhece o tempo.

Essa dualidade é arquetípica. Também em Xangô a encontraremos, em sua ferramenta, o machado de Xangô, o Oxê. "Oxê" significa machado de dois gumes, é um machado duplo. É também o *labrys*, símbolo eminentemente cretense, encontrado em representações de cultos sagrados minoanos da Deusa Mãe, a Mãe-Terra, conhecido como machado da dupla lâmina, de dupla face simétrica, usado como cetro por Deméter[22]. O Oxê de Xangô corta em duas direções, pois ele, como senhor da justiça, nunca pode olhar apenas para um lado.

A pergunta psicológica então seria: que pessoa em nós está vivendo nas fronteiras? Que figura interior é mimética a Jano? Qual o tipo de consciência que Jano exemplifica? Há sempre algo de fronteiriço em nós, *borderline*, zonas de fronteira que se experimentam na duplicidade e que nos apresentam o modo duplo: a consciência de que não somos sempre um, de que não seremos nunca um só, mas de que há sempre um estrangeiro em nós, um Outro. Jano traz o sentido mais profundo de *dualidade* e, nesses termos, é uma iniciação: "uma conscientização de que a individualidade não é essencialmente unidade, mas duplicidade, e que nosso ser é metafórico, sempre em dois

---

22. A alabarda, que também apresenta algo duplo, era na Antiguidade uma arma composta de longa haste rematada por uma peça pontiaguda de ferro, atravessada por uma lâmina em formato de meia-lua. Era utilizada por Ártemis.

níveis ao mesmo tempo"[23]. A consciência das fronteiras é uma iniciação, uma iniciação na metáfora.

Muitas vezes, esse Outro está em condição de exilado. Uma necessidade intrínseca na imaginação das fronteiras é a condição do exílio. O exílio é um ponto de vista. A fronteira marca o exílio, e o que está exilado dentro de nós cruzou uma fronteira, cruzou um limite de alcance e não pode mais ser contatado, deixa de ser considerado. Foi banido. Ora, banir depende de fronteiras, da existência positiva das fronteiras. Banir não é um gesto simples, ainda que o pratiquemos diariamente. Banir exige força de ego, e a alma está repleta de eventos banidos, de exílios sentidos, eventos da margem, da repressão, do recalque.

Além da mecânica do banimento, tão importante para a psicanálise e suas descobertas, toda fronteira também tenta o contrabando, atrai o tráfico, seduz o traficante em nós para suas contravenções. O contrabando suaviza a fronteira. Com atravessamentos ilícitos, não conscientes, o contrabando exerce a violação clandestina das fronteiras. O contrabando burla a fronteira nas condições psíquicas onde se faz mais necessária a inclusão de uma consciência hermética ou janosiana. Toda clandestinidade é hermética. Hermes é também o clandestino em nós. Quantos contrabandos em nossas vidas de alma!

---

23. "Só esta verdade dupla, *gloria duplex*, pode oferecer proteção contra o naufrágio ensinando-nos a não afundar entre as imensas rochas monolíticas das realidades literais. [...] Onde quer que se esteja, há sempre um 'outro' em que nossa existência se reflete, e devido a quem somos sempre 'mais', 'diferentes' e além daquilo que se é aqui e agora" (Hillman [1999]. *Op. cit.*, p. 198).

Deixem-me terminar com algo que me parece muito importante: os limites desta reflexão levam-me à conclusão de que as fronteiras são horizontais, ao passo que os muros são verticais. Eu sei, como disse Flaubert, que a imbecilidade consiste em querer concluir. Portanto, não quero concluir nada. Contudo, de meu ponto de vista muito particular, a horizontalidade marca a imaginação das fronteiras. Um muro cresce sempre para cima, e quando cresce é cada vez mais alto, até a intransponibilidade, ao passo que uma fronteira estende-se horizontalmente. A psicologia da horizontalidade entrega-nos diretamente ao arquétipo fraterno, que rege as relações simétricas de um eixo não autoritário, e à semelhança nas diferenças, tema que há anos venho pesquisando[24]. Pois bem, linhas de fronteira devem ser linhas de simetria. O campo da horizontalidade é o campo do Outro. A fronteira, sendo sempre a metáfora do Outro, do estrangeiro, será, em última instância, metáfora do que está além de mim, além do que sou, na outra margem, desconhecido, desafiante, desviante mas, ao mesmo tempo, aqui comigo. O Outro é sempre um desvio do Eu, um desvão, o outro lado, a outra parte, a outra vida, a outra margem. A vida não vivida.

---

24. Barcellos, G. (2018). *O irmão: psicologia do arquétipo fraterno* (3. ed). Vozes.

2
O sul e a alma

Quero concentrar-me aqui na ideia de "sul", numa tentativa de reimaginar a célebre direção sul da psicologia arquetípica. Acredito que a experiência brasileira pode ajudar a psicologia profunda a repensar uma de suas metáforas mais fundamentais.

No Brasil, é claro, somos levados a enxergar o "sul" ainda como uma grande metáfora para a psicologia. Não podemos escapar do sentimento do "sul", dentro do qual nascemos. Portanto, precisamos refletir sobre ele, ou seja, criar sempre mais imagens. Embora ainda estejamos possivelmente presos neles, tanto o mitologema "Novo", por exemplo, quanto o mitologema "Antártico" não parecem mais suficientes, não mais falam à alma; mas será que algum dia falaram? "Novo", a ideia de novidade, como em Novo Mundo, nova terra, novo continente, é a prisão das Américas, como já apontou tão certamente James Hillman[25]. E "Antártico" (não-Ártico, anti-Ártico, anti-norte, oposto ao polo Ártico de nosso *rotundum* planetário) é, claro, a retórica

---

25. Hillman, J. (1998). Culture and the animal soul. *Spring 62*, 10-37, p. 19.

da negação. Assim, o mitologema "sul" talvez possa ser mais afirmativo e ainda ter mais o que dizer sobre a alma em geral, e sobre nós em particular.

Mas, para tentarmos uma revisão arquetípica da ideia de sul em nossa psicologia, para dar-lhe um significado mais profundo em nossas vidas, não devemos de forma alguma trilhar o caminho da simples reversão, meramente colocando norte-sul de cabeça para baixo, tentando, por um momento, perturbar ótica e alma, enxergando "sul" como "superior". Isso seria "geografia psicopática": sul no lugar do norte, e nada de fato mudou em nossa perspectiva mais profunda. Tampouco gostaria de cair aqui novamente naqueles "cansativos dilemas entre norte e sul" – geografia histórica[26]. Não. Realmente gostaria de evitar de todo a retórica da opressão (tão arquetípica nas relações entre norte e sul, e tão paradigmática para nosso continente, as Américas), pois isso seria continuar a enxergar essas questões da perspectiva do norte, e assim permanecer num "*money*teísmo" do Norte. Gostaria de tentar um passo adiante. Revelação, não contraste ou conflito – sociológico ou o que for. Não geografia histórica; em vez disso, *geografia imaginal*.

Conhecemos o significado e o poder da metáfora do "sul"; ela é verdadeiramente arquetípica. Desde Freud e os primeiros dias da psicanálise foi o lugar de chegada quando imaginamos uma direção rumo ao inconsciente, rumo à alma: a direção vertical. Para encontrarmos alma, vamos para baixo: memórias pessoais, infância, traumas, mitologemas arcaicos, complexos, realidade arquetípica –

---

26. Hillman (1998). *Op. cit.*, p. 11.

tudo isso imaginado como depositado dentro, no fundo, em baixo, no "sul" de nós mesmos. O verdadeiro caráter é, da mesma forma, imaginado dentro e no fundo de nossos atos. E, não devemos nos esquecer, esse "sul" também representa a parte baixa do corpo.

Freud foi o primeiro em nossa tradição a trazer uma imaginação topográfica, ou geográfica, para a psicologia. Desde suas descrições psicotopológicas, a direção rumo abaixo é, simultaneamente à direção rumo ao interno, o caminho a seguir na imaginação da psicologia (independentemente de escola) quando se quer encontrar, engendrar e compreender a realidade psíquica. Vamos para baixo, para o "sul", seja no indivíduo, seja na cultura.

A psicologia arquetípica trouxe de volta essa metáfora, o "sul", para dar um grande passo teórico no campo junguiano. Esse passo tem a ver com a virada do eixo leste-oeste num eixo norte-sul, o que significou para a psicologia analítica que não mais precisávamos ir para o Oriente para irmos fundo, para nos aprofundarmos. (O Oriente, todos sabemos, capturou a imaginação de Jung exatamente nessa possibilidade de aprofundamento na compreensão da alma, e lá ele buscou outros símbolos, compreensões para nós ainda frescas.) Ao mexer exatamente nesse eixo, a psicologia arquetípica contribuiu para nos conscientizarmos ainda mais de que aquilo que formulamos como psicologia "emergiu do protestantismo da Europa Ocidental Setentrional e sua extensão a oeste na América do Norte"[27] e de que precisávamos nos dirigir para o sul da cultura mediterrânea, para os mitos clássicos, a fim de reencontrarmos alma, beleza e *pathos*. Todos sabemos o

---

27. Hillman, J. (2010c). *Re-vendo a psicologia*. Vozes, p. 414.

quanto estamos no norte quando falamos de psicologia, e o quanto, então, evitar o "norte" foi de fato necessário para mover a psicologia novamente rumo à alma.

James Hillman imaginou ainda mais essa direção em sua *poiesis* geográfica e sugeriu que a psicologia arquetípica começasse no Sul. Mas esse "sul", em particular, significava para ele, essencialmente, a cultura mediterrânea – dos mitos e civilização gregos à filosofia e modos de viver florentinos e renascentistas. São fontes imaginais politeístas que trouxeram perspectivas tanto sensuais quanto trágicas para a psicologia e a psicoterapia. Trata-se de uma abordagem mítica à imaginação e uma abordagem imaginativa à psique.

De uma página em seu famoso artigo de 1982, "*Anima mundi*: o retorno da alma ao mundo", quero lembrar este parágrafo:

> Despertar o coração imaginativo e sensitivo deslocaria a psicologia de uma reflexão mental em direção a um reflexo estimulante. A psicologia pode então vir a ser florentina novamente, pois o movimento "em direção ao sul" sobre o qual venho insistindo nesses últimos 20 anos – desde as clínicas de Zurique e Viena, dos laboratórios brancos e florestas negras da Alemanha, das dissecações positivistas e empiristas da Grã-Bretanha e dos Estados Unidos, isso sem mencionar a ginástica da língua francesa – não pode ser consumado sem movimentar também o centro da alma: do cérebro para o coração; e o método da psicologia da compreensão cognitiva à sensibilidade estética.[28]

---

28. Hillman, J. (2010b). *O pensamento do coração e a alma do mundo*. Verus, p. 95.

Esse passo da psicologia arquetípica tem a ver portanto com a busca pela psique politeísta, pois nela enxergou-se a melhor imagem da realidade essencialmente múltipla e fragmentada da alma, a "consequência racional de uma psicologia baseada na *anima*"[29] e sua fenomenologia, não no Self e suas abstrações. O politeísmo psicológico ofereceu uma excelente referência metafórica para a multiplicidade e a inerente dissociabilidade da psique, já enxergadas por Jung, mas que foram radicalizadas pela psicologia arquetípica[30].

No Brasil, acredito, estamos muito conscientes disso tudo, pois nós também começamos no "sul". Meu principal argumento será que, para além da cultura mediterrânea, esse "sul" arquetípico pode ser reimaginado. A cultura brasileira, sincrética e politeísta, brilha na América do

---

29. Hillman, J. (2010a). *Ficções que curam*. Verus, p. 40.

30. "Devido ao fato de a nossa cultura trazer como bagagem a oposição entre monoteísmo e politeísmo, ela está profundamente arraigada no inconsciente coletivo de cada um de nós. O que quer que digamos, ou que escrevamos, está tão carregado de suposições monoteístas, que uma compreensão da psique politeísta é quase impossível" (Hillman, J. [1981]. Psychology: Monotheistic or Polytheistic? In D. Miller, *The new polytheism* [p. 109-128]. Spring, p. 128). Com essa afirmação, James Hillman provoca-nos a fazer um esforço, portanto, rumo ao impossível: entender a psique politeísta dentro da mente monoteísta. Não pretendo entrar aqui na delicada discussão sobre a importância do politeísmo para a psicologia. Essa questão psicológica, que tanto impacto teve e pode ainda ter na vontade de movimentar a psicologia, já está amplamente refletida ao longo do melhor de sua obra. O artigo "Psicologia: monoteísta ou politeísta?", de 1981, do qual essa afirmação foi retirada, talvez seja o ponto de referência e o momento em que ele mais se aprofundou diretamente no assunto.

Sul e, em si mesma, continua a oferecer um desafio para a psicologia no que concerne ao "sul" como uma localização cultural, étnica e imaginal, e uma região da alma que ultrapasse o que ela já reconheceu como "sul". Quero sugerir que, para além do que Hillman nos mostrou de valor para a psicologia na cultura clássica mediterrânea, as culturas abaixo do Equador (tal como a brasileira) podem ajudar a psicologia arquetípica a continuar imaginando, até mesmo de maneira mais radical, sua fundamental direção metafórica nas ideias e na pesquisa. Pois o Brasil é um lugar que sugere que a divisão monoteísta/politeísta não está tão ativa psicologicamente. O politeísmo afro-brasileiro está de fato vivo *dentro* do monoteísmo branco da cultura oficial cristã. Somos o maior país católico do mundo, mas também um lugar onde uma religião politeísta está viva e é amplamente praticada todos os dias com tal força que, diferentemente de outros lugares, está também presente nas áreas urbanas, nas cidades, o território entronizado da psicoterapia desde o começo. Esse, é óbvio, é um estado peculiar de coisas, e penso que a alma vem dizendo algo nesse jogo de paradigmas. Alguns falam aqui de paradoxo, outros de tolerância ou sincretismo. Muitos atacam esse próprio sincretismo, tentando purificar influências ou, de modo significativo, combater a opressão inerente à própria prática do sincretismo. Outros o celebram. Rafael López-Pedraza[21], numa conhecida reflexão sobre o tema, falou de "ansiedade cultural". A realidade psicológica no Brasil indica, sabemos, esse peculiar estado de alma.

---

31. López-Pedraza, R. (1990). *Cultural anxiety*. Daimon Verlag.

Esse "sul", representado pela cultura brasileira, pode, nessa perspectiva, oferecer à psicologia uma imagem das duas polaridades que nos permite escapar imediatamente de um pensamento polarizado, o que, talvez, aponte para um outro passo na obra do mundo, num novo *aion*.

Talvez essa seja a razão principal por que quero falar de sul: reimaginar o sul talvez seja então uma forma de reimaginar a alma. Para mim, isso significaria essencialmente *continuar* a imaginar a alma, ao continuarmos a imaginar o mundo. Pois a alma, como sugeriu Jung, é aquilo que está continuamente imaginando em nós.

* * *

Dentro do campo junguiano, a psicologia arquetípica afirmou que o que divide norte e sul em nossa tradição – ou seja, o que divide as mentalidades e paisagens psicológicas transalpinas das cisalpinas, Renascença e Reforma – são, em uma única imagem, montanhas: os Alpes, com todos aqueles topos brancos, topos de *albedo*. Portanto ainda estamos, metaforicamente, na Europa. Continuamos a dividir nossas almas entre aquilo que Hillman chamou de consciência hebraica monoteísta, por um lado, e consciência helênica politeísta, por outro. Hebraica ou helênica, parece não haver saída para essa divisão. Somos, psicologicamente falando, ou monoteístas ou politeístas, estamos com os deuses ou sem os deuses.

Quando falo de um *sul mais ao sul do que o sul*, no que é agora um modo alquímico de falar, quero apontar para uma divisão que se faz sentir pela presença de nada menos do que um *oceano*, diríamos, uma lacuna atlântica. Aqui encontramos, acredito, as imagens centrais desta reflexão, pois estou tentando pensar por imagens, o modo pagão. Então aquilo que divide a Europa do norte (mesmo em sua consciência ibérica ou mediterrânea, ou seja, latina) e o Brasil tropical sul-americano é um oceano, isto é, uma enorme quantidade de água salgada, o que indica, é claro, uma distância atlântica (titânica) e certamente projeções mais profundas, um desconhecimento mais profundo. "Montanhas" e "oceano" dizem da diferença imaginal na divisão. Quando dizemos *montanhas*, mesmo em psicologia, ainda estamos, de alguma forma, inevitavelmente envolvidos com a retórica do espírito, retórica dos picos; o que precisamos ultrapassar é, ainda, o espírito, como se a psicologia tivesse que "saltar" o espírito, ou seja, perder todas aquelas conceitualizações abstratas e linguagem emprestada, para encontrar a própria alma que ela pretende engendrar, ao passo que, quando dizemos um *oceano*, talvez a alma esteja imediatamente mais próxima, isto é, sua presença mais sentida na imagem. Talvez a água do oceano, nesse caso, tenha mais a ver com alma do que o ar das montanhas, pois, no entendimento clássico, as almas sentem prazer na umidade, o que quer dizer que a alma é despertada pela água (aqui, despertada num sentido venusiano)[32]. E mesmo Jung, ao longo de sua obra, imaginou tantas vezes essa direção para baixo, essa descida às profundezas, como uma direção rumo à água em metáforas tão conhecidas.

---

32. Heráclito. (2000). *Os pré-socráticos*. Nova Cultural, frags. 16, 36, 77.

Essa água, *mare nostrum*, é tanto *salgada* quanto *titânica* (Atlântica, agora a chamamos), pois pertencente a Atlas, o titã. Mas também à imaginação alquímica do sal. Assim, ela deveria necessariamente trazer uma *solutio* como um passo arquetípico. E é também como um oceano, num mar, de onde nasceu Afrodite, deusa da beleza e do prazer, que essa água é o grande fator, a grande imagem espumante não-domesticada dividindo para nós "norte" e "sul", dois estilos de consciência completamente distintos.

Pois bem, uma projeção atlântica e desproporcional de beleza e prazer toma impulso, de forma que nós ao "sul" nos tornamos os verdadeiros depositários do corpo, da luxúria, do instinto, da espontaneidade, da natureza, da alegria. "Sul" aqui representa claramente tudo aquilo que está localizado abaixo, que foi reprimido acima, tudo o que foi visto pelo norte como *inferior* (como nos mostra tão exemplarmente a cartografia mais antiga), convidando, de modo intrigante em seu caminho através do mar, uma radical *reversão* a projeções obscuras. Essa escuridão variou historicamente do Inferno cristão dos missionários ao mitológico Hades da psique: regiões inferiores, desconhecidas, um verdadeiro mundo das trevas, um *sub*mundo; terra, não dos bravos, mas da serpente e do dragão.

Sim, todos nós conhecemos as tais projeções obscuras que desembarcaram abaixo do Equador (Equador, aquela linha abstrata do espírito que não *equaciona* realmente nada): o sul-tropical como irracional, sexualmente livre, dionisíaco, pagão, perverso, atado arquetipicamente à Mãe em razão de um apelo extravagante e extraordinário da natureza e do clima, instintivo, preguiçoso, canibal. Ainda estão em operação essas projeções? Aquilo que foi a princípio percebido pelos conquistadores como edênico, numa projeção paradisíaca, logo virou um projeto infernal de roubar, usurpar e abusar de terra e gente nos trópicos – corrida do ouro, tráfico de madeira, escravidão, mutilação de alma e genocídio dos povos, línguas e cultura originários. Mas isso é história ou, na melhor hipótese, psicologia, e aqui queremos geografia, geografia psíquica.

* * *

O "sul" sempre foi emblemático para a psicologia profunda. O próprio James Hillman[33] admitiu, em *Re-vendo a psicologia*, que "ir para o Sul significa deixar nosso território psicológico com o risco de uma desorientação arquetípica". Sabemos que Freud e Jung de fato patologizaram quando tentaram se dirigir cada um para o seu "sul", Grécia e Itália, respectivamente. Jung, já em idade avançada, desmaiou na estação de trem quando estava, após várias tentativas fracassadas, enfim comprando passagens para ir a Roma. A viagem nunca aconteceu. Em sua autobiografia, quando escreve sobre a Itália, ele menciona coisas inesperadas tornando-se conscientes, visões impensadas e questões colocadas "que estariam para além de minha capacidade de lidar com elas"[34]. Paradoxalmente, o "sul" é a rota e o destino *par excellence* e, ao mesmo tempo, parece trazer consigo inevitavelmente algum *pathos*.

---

33. Hillman (2010c). *Op. cit.*, p. 421.

34. Jung, C. G. (1965). *Memories, dreams, reflections*. Random House, p. 288.

E não apenas para a psicologia. Podemos recordar brevemente alguns exemplos: Rimbaud, que renunciou para sempre à poesia, viajou para a África e nunca mais foi Rimbaud, retornando à Europa doente, para morrer jovem de volta em Marselha; Henri Cartier-Bresson, cuja viagem à África foi caracterizada como um *échec*, um fracasso, mas que lhe deu os "olhos" de que precisava para a fotografia profunda; Claude Lévi-Strauss viajando seus *tristes tropiques*; Pierre Verger, o magnífico fotógrafo e escritor francês que viveu na África e no Brasil, que teve que assumir outra *persona*, outra fé, outro nome (Fatumbi) para encontrar-se, tornando-se um iniciado no candomblé iorubá da Bahia; André Gide no Congo, que teve que se transformar num "imoralista" e perder sua ética europeia – todos exploradores do sul, viajantes *azuis*, como tantos outros (o próprio Jung na África) que, cruzando a linha equatorial, tiveram fortes experiências de transformação. E, claro, cabe citar o mais paradigmático de todos os exemplos: o de Kurtz e o coração das trevas do romance de Joseph Conrad. O próprio Conrad teve no Congo uma experiência desesperada e humilhante, "uma crise pessoal extremada que o levou a uma maturidade emocional e moral mais firme"[35]. Mais que "pânico geográfico", esse é o *horror* do "sul".

"Roma" e "Atenas", como lugares imaginais, foram para aqueles homens, Freud e Jung, para aqueles pioneiros, talvez o coração de um complexo (como foi assim diagnosticado por Hillman em seu *Re-vendo a psicologia*, de 1975)

---

35. O'Prey, P. (1983). Introduction. In J. Conrad, *Heart of darkness*. Penguin, p. 12.

que somente pode ser compreendido em termos de suas profundezas ou do medo arquetípico da profundeza. A psicologia arquetípica, penso, está em uma posição mais ou menos especial aqui, uma vez que já se aventurou em avançar rumo ao sul, já "adentrou" a metáfora, por assim dizer, alterando, dessa forma, visão e profundidade na psicologia.

Mas a *opus* continua "operando" na alma do mundo. O fracasso em enxergar um sul do outro lado do oceano (não do outro lado da montanha) revela uma emoção *projetada* que parece trair o radicalismo do *projeto* dessa psicologia arquetípica. Num nível mais profundo, não é esse o mesmo velho medo da "desorientação arquetípica"? Talvez essa emoção, essa negação esteja magnificamente bem descrita na metáfora dos famosos versos de T. S. Eliot, na cena do Tarot em *A terra devastada*, seu poema de 1922, quando Madame Sosostris diz ao protagonista: "Tema morte na água"[36].

Minha questão então seria: no limiar de uma nova era psicológica, terá a psicologia a coragem ("coragem" aqui pois eu mencionei "medo") de ir mais ao sul, de continuar a imaginar sua fundamental direção metafórica e deixar por um momento seu foco nos deuses e deusas gregos e romanos, sua polarização da alma numa experiência "mono" ou "poli" de si mesma, sua paisagem e seus modos de pensar nórdicos ou mediterrâneos, e enxergar que mundo e alma, e a alma do mundo, não terminam num mar suave, num mar "entre-terras", medi-terrâneo, mas que vão mais além, mais ao sul, cruzando um oceano aberto, encrespado e titânico (já chamado de "tenebroso", *tenebrositas*), rumo

---

36. Eliot (2004). *Op. cit.*, p. 141.

a uma nova e salgada *solutio* que talvez esteja à espera num novo mundo – "novo", claro, apenas da perspectiva histórica europeia? Poderemos nós, face a um novo milênio, finalmente evitar o ato de patologizar quando vamos rumo ao sul, evitar o medo arquetípico e a negação arquetípica? Ousaremos enxergar que tipo de *solutio* está sendo possivelmente imaginada no "sul"? Poderá nossa psicologia enfim avançar sua *circumambulatio* da alma?

Uma forma de imaginar o "sul" é certamente entendê-lo como resultado da miscigenação das três raças absolutamente diferentes que se combinaram a princípio para formar o povo brasileiro: o indígena sul-americano, o europeu português e o escravizado africano. Alquimia: tríplice *coniunctio* como *solutio* radical. Miscigenação pode ser a principal contribuição para o mundo que emerge do Brasil. Ela ainda está para ser compreendida também em termos psicológicos; representa um estilo único de consciência, menos abstrato e conceitual, ainda que também triste e melancólico. Nesse ambiente, a miscigenação, para além das cores, dá-se também entre o sagrado e o profano. Para a psicologia, acredito ser a chance de avançar naquilo que Hillman[37] refere como "supremacia branca": psicologia do ego, empiricismo, subjetivismo, espiritualismo. A miscigenação representa uma verdadeira "descida ao sul"[38].

---

37. Hillman, J. (1986). Notes on white supremacy: essaying an archetypal account of historical events. *Spring*, 29-58.

38. "Ao final de nossa conversa em Montreal, você afirmou que a miscigenação era a principal contribuição do Brasil para a psicologia. Gostaria de levar essa ideia além da antropologia cultural. Talvez você se lembre de meu ensaio sobre a supremacia branca publicado na *Spring* há alguns anos. Lá tentei mostrar uma base arquetípica para as

Nossa brincadeira com geografia imaginal busca trazer o "sul" para o cultivo da alma (*soul-making*) novamente na psicologia, um movimento rumo ao imaginar brasileiro imaginado como um passo no cultivo da alma, mais cultivo de alma, novo cultivo de alma.

Gostaria agora de fazer algumas observações finais sobre esse movimento e esse mundo.

* * *

Por fim, quero então acrescentar algumas poucas palavras àquilo que é certamente um vasto tema. Um aspecto fundamental da realidade da solução salgada que mencionei será, para mim, barroco. Gostaria de sugerir que uma das verdadeiras imagens que a alma sul-americana e brasileira, ou a alma na América do Sul e no Brasil, pode abrir para a psicologia é primeiro encontrada, tem suas origens, no barroco colonial.

O barroco no Brasil, assim como em toda a América do Sul, não é meramente um movimento artístico transitório, importado da Europa e assim de ligação exclusiva a essa origem e seus cânones. O que os historiadores da arte enfatizam é que, em vez disso, o barroco tropical tem que

---

fixações de raça/cor. O problema está na cor branca. Não consigo elaborar de novo a ideia aqui brevemente. Mas eu realmente acredito que a miscigenação representa uma verdadeira descida ao sul. Em outras palavras, mover-se em direção ao sul ultrapassa a supremacia branca e tudo o que ela representa para a psicologia assim como ela tem sido entendida no norte" (James Hillman, em comunicação pessoal ao autor via fax, 18 de outubro de 2010).

ser entendido em seus próprios termos, como a primeira manifestação inteira e legítima de arte e de cultura a florescer fora da Europa nas colônias, não tendo mais nada a ver diretamente com a Europa, não mais uma expressão artística marginal, mas algo em si mesmo[39]. De fato, é a primeira manifestação cultural original no "sul", e, assim sendo, creio que irá refletir com força a própria alma que estava sendo formada nessa "nova" terra. Portanto, ela é parte de uma fundação. Essa "nova alma", ou esse novo passo na alma do mundo, essa mistura que estava sendo engendrada no Brasil através do encontro das três raças, incorpora, desse modo, aos elementos europeus (portugueses, espanhóis e romanos), aqueles das influências negra e indígena. O barroco não explica tudo, mas confunde-se com muitos aspectos de nossa alma mais profunda.

Oposto ao aspecto racionalista da cultura renascentista, o universo mágico do barroco tropical está enraizado nos extremos sensoriais da imaginação. É uma arte que só pode ser percebida em seu impacto total pela alma, não pela mente. O barroco, especialmente no Brasil, é a constante subversão do Concílio de Trento, a afirmação da fantasia como a verdade mais profunda. Ele é uma *contredance*, e é a liberdade para imaginar, o momento quando falamos, não de um Re-nascimento, mas de um Nascimento, pois o barroco, todos sabemos, tornou possível a Independência (e não apenas no Brasil)[40]. Também a literatura brasileira nasceu barroca.

---

39. Averini, R. (1998, mar./ago.). Tropicalidade do barroco. In E. Araújo (curad.), *Catálogo da Exposição O universo mágico do barroco brasileiro*. Galeria de Arte do Sesi, p. 55.

40. "É a solução brasileira da Colônia. É o mestiço e é logicamente a independência" (Andrade, M. de [1965]. *Aspectos das artes plásticas no Brasil*. Livraria Martins, p. 45).

Barroco: imagens constantemente se movendo, o jogo de luz e sombra continuamente perturbando a orientação espacial e temporal, orientando e conduzindo a alma para a dança e para a celebração dos sentidos, iluminando a alma, mas também a seduzindo, perturbando. O barroco talvez seja o movimento mais perigoso da alma. No Brasil ele revela uma verdadeira atmosfera anímica: extremos de cores, sombras, escuros, texturas, velas, fumaça, perfume, emoção, ritual, recitação, teatro, música, fantasia, dor, alegria, sentimento, celebração de rua, tudo isso uma tentativa de representar e responder o impacto na alma de uma natureza toda exuberante, colorida, selvagem, perigosa e luminosa.

Esse barroco é a sinuosidade tropical. Triunfo da linha curva. Contradição, carnaval, ópera de rua. Samba. Gambiarras. Autoflagelação. Instinto burocrático. Afeto, afetações. Denguices. Memória, oposições. Festa, procissão. Balangandãs. O "sublime pequenino" de que fala Mario de Andrade. A mistura inicial de culturas, peles, libidos e almas que ocorreu no Brasil, e todos aqueles "olhos" (brancos, pretos e nativos), todos bem imersos nos tormentos, maravilhas e segredos da floresta tropical, são a *prima materia* desse barroco. Mario nos conta desse barroco e dessa mestiçagem:

> Ambições, desilusões, nababias, quedas bruscas, estaduanismo, mal-estar fundo: era natural que brotasse uma alma com pouca prática da vida, cheia de arroubos assustados, se esquecendo de si mesma nas névoas da religiosidade supersticiosa, cujo realismo, quando aparecia, aparecia exacerbado pela comoção, longe do natural, dramático, expressionista, mais deformador que os próprios símbolos.[41]

---

41. *Ibid.*, p. 25.

Esse barroco ainda define, até hoje, muito de nossa alma. Mais do que manifestação artística, o barroco entre nós é carne e cultura. É corpo. Ao mesmo tempo que a herança indígena foi largamente (ou completamente) descartada, desprezada, violada e reprimida, nossa alma urbana nasce sob o signo do barroco. Portanto, há um "barroquismo" latente, por assim dizer, que continua a informar e caracterizar em níveis mais profundos muito do modo como os brasileiros sentem e vivem alma e mundo, tanto nos centros quanto nas periferias: extremos da fé, inclinação para contradição e ambivalência, atração pela vertigem emocional, êxtase e dança festiva, exaltação dos sentidos, impulso místico, prazer estético, tragédia, confusão, ilusões de grandeza, movimento e dúvida, erótica do poder e poder da erótica, mágica das palavras, uso abundante de adjetivos, estéticas faveladas, afrofunk, teatro do rebolado, surra de bunda e, mais do que tudo, um "sentido da imagem", como diria James Hillman, uma sensibilidade para a imagem. Tudo isso está no barroco. Fenomenologia da *anima*? Talvez. Se assim for, então temos um solo rico para florescer uma psicologia baseada na imagem, uma psicologia imaginal. De qualquer forma, podemos dizer que o culto à imagem no Brasil é tão antigo quanto sua história, uma vez que a primeira embarcação a chegar oficialmente na costa brasileira, há mais de 500 anos, trazia consigo não apenas homens, projetos, projeções, problemas, profanações mas também uma poderosa imagem da Grande Mãe cristã, o princípio feminino, nesse caso, Nossa Senhora da Boa Esperança! E, claro, ambas as heranças indígenas e africanas estão repletas de imagens.

Mas minha impressão é que esse "barroco" é também exatamente onde no Brasil monoteísmo e politeísmo começaram misteriosamente a se confundir ou desaparecer como categorias psicológicas conscientes, excludentes, claras e experimentadas. Parece-me que o barroco é o momento no Brasil, num nível psíquico mais profundo, quando a própria divisão "monoteísta/politeísta" primeiro deixa de ser relevante, pois o barroco brasileiro, permitam-me sugerir, é um barroco *pagão*, como me apontou certa vez um paciente durante uma sessão de análise. Já deixou de ser algo embranquecido.

Portanto, sim, vamos à igreja aos domingos, mas também batemos nossos tambores na segunda à noite. Não é incomum ver templos no Brasil onde a estatueta do Cristo divide o altar com, digamos, a figura de sereia de Iemanjá, ou São Jorge com a espada matando o dragão. Macumba. Falando de politeísmo? Acredito então que esse politeísmo, atuado literalmente nessa forma contemporânea, vivido como uma religião de fato por alguns brasileiros, também se espalha para dentro da alma, fazendo com que, na minha opinião, cada brasileiro sinta, pense e se relacione de maneira policêntrica, ainda que dentro de uma atmosfera coletiva unitária – que se torna, assim, também de alguma forma fantástica.

Sugiro que essa é a *prima materia* do "sul" sobre o qual estive falando – novamente, "sul" como um *atributo imaginal na alma do mundo*. A síntese cultural e antropológica que, sabemos, o Brasil representa na alma do mundo é também uma síntese psicológica. Posso enxergar aqui uma imagem de sul que é para mim uma imagem de alma. É a imagem própria que esse "sul" com o qual vim brincando pode dar à psicologia no limiar de uma nova era.

3
A vertigem das gavetas: ensaio sobre a intimidade

> *Um objeto presta testemunho de si mesmo na imagem que oferece, e sua profundidade está nas complexidades dessa imagem.*
> —James Hillman

> *As coisas. Que tristes são as coisas, consideradas sem ênfase.*
> —Carlos Drummond de Andrade

Abrigar, ordenar, proteger

Todos temos nossas gavetas. Não há uma vida sem gavetas, e elas estão por toda parte. Há gavetas nos armários, nas cômodas, há gavetas na cozinha, na copa, no banheiro, gaveta de mesa, de escritório, de escrivaninha, de geladeira, de barbeiro, de necrotério, nos guarda-louças, gavetinha de cabeceira, de aparador, de gabinete, de farmácia. Temos gavetas arrumadas (inclusive alfabeticamente), onde mora nossa solidão, e gavetas desarrumadas (inclusive pelos outros), onde mora nossa confusão. Cada uma tem sua função simbólica. O que está guardado nelas? Que surpresas elas nos guardam? E que revelações nos a-guardam dentro delas? De que forma elas nos olham e o que somos, afinal, quando elas nos guardam (para sempre)? Numa poética do espaço e no devaneio da alma, a gaveta, imagem de uma intimidade mais profunda, é um tema essencialmente bachelardiano.

Qual é a "metáfora gaveta"?

Para "entrarmos" nas gavetas, no tema das gavetas, procuraremos seu trajeto de imagem, percurso de linguagem, tendo como guias os dois Gs franceses: Gaston Bachelard e Gilbert Durand. Com Gaston Bachelard, a cada leitura que fazemos de um volume de sua obra, o coração dispara. Mais ainda, o coração transita a profundidade. E Gilbert Durand, seu discípulo antropólogo, entrega-nos, em sua obra, ao dinamismo de um "jardim das imagens", sua arquetipologia geral. E, claro, guia-nos também o J americano, James Hillman, mestre e mentor dessa psicologia arquetípica.

Antes de tudo, a gaveta nos permite guardar, ensina que podemos guardar as coisas e como guardá-las. Então já estamos aprendendo com os objetos do mundo. Já que todo gesto procura seu utensílio, como defende Durand[42], podemos dizer que o gesto de guardar procura a gaveta, que por sua vez oferece ao gesto de guardar sua mais perfeita realização. Guardar é o ser das gavetas. Não se guarda nada melhor, mais inteiramente, do que numa gaveta. É um gesto completo. A bolsa, o bolso, o envelope, a carteira, até mesmo o armazém, o almoxarifado e os galpões não se equiparam à gaveta em sua perfeição de abrigo. Mas guardar, verbo com tantos sentidos em português, um verdadeiro superverbo[43] que diz muitas ações, nem sempre é apenas abrigar, ordenar, proteger, quando en-

---

42. Durand (2002). *Op. cit.*, p. 41.

43. Vigiar, proteger, defender, acondicionar, conservar, zelar, ocultar, calar, resguardar, observar, cumprir, manter, gravar na memória, velar, adiar, procrastinar, reservar são alguns de seus inúmeros sentidos, segundo o *Dicionário da língua portuguesa*, de Aurélio Buarque de Holanda Ferreira.

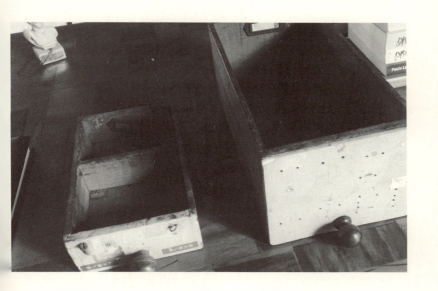

tão a gaveta exerce somente a função de conter, ou seja, de abrigar fechando. Guardar também significa olhar, mirar, trazer para a observação, para a mirada. Em francês, por exemplo, *garder* é vigiar, guardar, e *regarder* significa olhar; e o italiano *guardare* diz tanto olhar, ver quanto guardar, conservar. O que une esses dois gestos, abrigar e olhar (ambos contidos em guardar)? O que têm em comum?

Guardar coisas é também guardar-se. Quem, de fato, guarda, ama guardar. Guardar é um exercício de claustrofilia. Guardar alguma coisa numa gaveta é o gesto de fazer com que algo se retire, momentânea ou definitivamente, da vida. Simboliza ruptura. A gaveta apresenta uma fantasia de retiro, um desejo de ruptura, de afastamento, de separação do mundo, de anacorese. Todo pertence de gaveta é um anacoreta. Todo retiro é um ato de ruptura. Roland Barthes[44] testemunha isso que ele chama de "inclinação ao retiro", presente nas almas mais sensíveis. Assim, engavetamos alguém, uma memória, um objeto de valor afetivo alegre ou doloroso, um plano, um sonho, um malogro, todo um passado.

Na topofilia bachelardiana de *A poética do espaço*, figurando entre o que ali são chamados de "espaços amados", a gaveta é sentida antes de tudo como um lugar, e portanto registra, no mundo humano, uma *topografia*. Que *topos* é esse? Ora, a gaveta é uma imagem encolhida da casa. Para Bachelard[45], junto aos armários e cofres, está a gaveta

---

44. Barthes, R. (2013). *Como viver junto: simulações romanescas de alguns espaços cotidianos*. Martins Fontes, p. 46.

45. Bachelard, G. (2008a). *A poética do espaço*. Martins Fontes, p. 19-21.

como a "casa das coisas"[46]. Sua expressão transforma as gavetas imediatamente num lar. Pois as coisas também experimentam, como nós, a necessidade da casa, a necessidade de estarmos abrigados, contidos, de pertencermos a um *topos*, um *locus*, um lugar, que é a necessidade do lar. Do ponto de vista afetivo mais profundo, não existe vida sem lar. Tudo o que vive quer um lar. Tudo o que está cheio de alma sabe disso, dessa verdade receptiva: os ninhos, as cavernas, os crustáceos, as gavetas. Assim, Bachelard nos dá uma pista importante: na gaveta, a função de guardar confunde-se e complica-se com a função de habitar. Habitar é estar guardado, estar guardado é habitar. Só guarda bem, só conhece a poética e a psicologia da gaveta, quem sabe habitar.

Gaveta: a casa das coisas.

Dentro

A gaveta, toda imagem-gaveta, lança-nos no dinamismo psíquico expresso pela palavra "dentro" e pela dialética de continente e conteúdo, ambos tão importantes para a psicologia profunda. Os continentes nos apresentam as tecnologias do duro, ou fixo, enquanto o conteúdo geralmente nos envolve com as realidades moles, ou fluidas. Assim, fluindo e fixando, fixando e fluindo, continente e conteúdo se pertencem e formulam para nós, em nossas vidas, o constante *solve et coagula* alquímico.

---

46. "O ego conhece objetos. Somente o coração conhece coisas. A relação do ego com as coisas é de consumo. A relação do coração com as coisas é de respiração, ofego, inspiração" (Sardello, R. [1997]. *No mundo com alma: repensando a vida moderna*. Ágora, p. 103).

Os feixes de analogias das gavetas como interioridade, como a dimensão do "dentro", são bem definidos. Cada um tem seu valor psicológico. É possível percebê-los bem. Num deles, a gaveta é análoga ao vaso, à panela, ao cofre, ao caixão, à bolsa, à sacola, ao pote, à tigela, à toca. É quando a gaveta é gesto que fecha e guarda, e isso para preservar ou esconder, para manter ou esquecer, para maturar ou apodrecer. São analogias de valor feminino. Estão ligadas, em última instância, ao ventre e seus símbolos. É a gaveta da alma, gaveta como metáfora da alma: fechada, vagarosa, profunda. A gaveta da alma guarda, e, porque guarda, aprofunda. Guardar é aprofundar. Então temos gavetas bem fechadas.

Outro feixe de analogias, este de valor masculino, leva-nos à caixa, ao envelope, ao arquivo, ao armazém, à prateleira, ao fichário, às pastas, aos verbetes. Eles também guardam, mas de outra forma, pois, mais do que guardar, organizam, categorizam, catalogam, ordenam. É a gaveta que serve ao espírito, que autovaloriza seu sentido de utensílio, de *logos*, de logística, ou seja, onde as coisas estão para que tenhamos acesso lógico a elas, para que as possamos compreender. Guardar é compreender. Então temos gavetas bem abertas.

A fisiologia da gaveta, a gaveta em sua cosmicidade, é um mundo, o mundo é uma imensa gaveta. A gaveta é um sonho de mundo. Nas gavetas podemos perceber uma espécie perfeita da correspondência micro-macrocosmo, com que trabalhava o alquimista.

Gavetas: o mundo das coisas.

Intimidade

Para descobrir a vertigem das gavetas, na noite profunda das gavetas, é preciso antes compreender inteiramente que a gaveta é um espaço de intimidade, pois é onde vai parar o que é íntimo. O que é íntimo para nas gavetas. Nas gavetas temos a parada das intimidades. Lá, a imaginação percebe o que é íntimo. Mas... o que é realmente o íntimo? Qual a natureza da intimidade[47]?

Gavetas são sonhos de intimidade. A gaveta como utensílio continente, como tecnologia dura, tem lugar de destaque entre as imagens da intimidade, tanto quanto os baús, as malas e os cestos, por exemplo. Bachelard[48], por sua vez, alinha as gavetas a dimensões maiores e ainda mais duras: aos cofres, escrivaninhas e armários, chamando-os de "verdadeiros órgãos da vida psicológica secreta". Sem a gaveta, diz ele, nossa vida psíquica não teria um "modelo de intimidade"[49]. E é justamente a partir dessa compreen-

---

47. "Gaston Bachelard escreveu toda sua cartilha sobre a intimidade (*A poética do espaço*) sem nunca mencionar o espaço entre as pessoas. Antes de conceber a intimidade entre seres humanos, o fenomenólogo explora o mundo perdido das coisas que constitui o espaço íntimo. A intimidade simplesmente torna disponível aquilo que é 'íntimo'. Uma habitação com espaços íntimos é uma habitação capaz de sonhar. Ela tem acessos ao que é interior que convidam a criar ideias sobre o que acontece abaixo das superfícies. Tal casa está viva. Ela irradia uma história, tem seu próprio *eros*. Junta imagens em si mesma e cria uma realidade a partir daquilo que lhe foi dado. Adentrar tal espaço, quando ele combina com suas necessidades de interioridade, é uma experiência de agradável sedução" (Hall, N. [1996]. Architecture of intimacy. *Spring 60*, p. 13-26).

48. Bachelard (2008a). *Op. cit.*, p. 91.

49. *Ibid.*

são que um estudo apurado das imagens de gaveta passa a interessar à psicologia profunda e à psicoterapia analítica, pois não é à investigação da intimidade e ao conhecimento da vida secreta que elas estão principalmente dedicadas? Podemos então falar, sempre à maneira de Bachelard e Jung, num "complexo da gaveta", como a coleção de imagens, memórias e ideias no núcleo de nossas experiências de intimidade.

Criar intimidade é uma das potências da alma. Na gaveta, em sua metáfora, começa e termina a análise da intimidade: a gaveta e seus mitos. Uma mitologia das gavetas começa quando podemos utilizar sua imagem para uma compreensão íntima, uma compreensão da vida íntima. A gaveta então é como o mito. O poder mítico das gavetas é que elas dão conta de uma narrativa sobre o aberto e o fechado. Abrimos e fechamos gavetas. Nisso, como o mito, elas alimentam a imaginação, pois criam histórias.

Para compreender as gavetas como a imagem mais potente da intimidade, é preciso perceber principalmente duas repartições simbólicas. Por um lado, incidem sobre as gavetas as dominantes inconscientes de acolhimento, aconchego, aninhamento: é a rota simbólica que desemboca no *ventre*. É a intimidade como conforto, guarida. Por outro lado, incidem nelas também as dominantes de repouso, refúgio, reparo: rota que dá no *vaso*. É a intimidade como retiro, restauro. Quando algo entra numa gaveta, sente tudo isso. Essas são chaves imaginais da gaveta. A gaveta ora é uma imagem estendida do ventre, ora uma imagem estendida do vaso.

Esses feixes de imagens íntimas alinham as gavetas às profundidades telúricas: ao túmulo, à noite, às trevas, à mãe terrível, ao cárcere, à cabana isolada na floresta noturna. Assim, o *trajeto psicológico*[50] do imaginário[51] da intimidade retorna a gaveta à caverna, a caverna ao ventre e o ventre à mãe – e o que há de mais íntimo em nós do que nossa mãe, nossa origem? O analista da intimidade fará esse percurso que ele entende como uma descida, pois a

---

50. A partir da ideia de um "trajeto antropológico" na teoria do imaginário de Durand ([2002]. *Op. cit.*, p. 41), que ele entende como uma "arquetipologia geral" – "a incessante troca que existe ao nível do imaginário entre as pulsões subjetivas e assimiladoras e as intimações objetivas que emanam do meio cósmico e social" –, podemos elaborar a ideia de um "trajeto psicológico". A ideia, para nós, busca traçar o percurso e a evolução das imagens e dos esquemas simbólicos no nível psíquico inconsciente, no nível daquilo que Henry Corbin chamou de "imaginal", partindo de seus graus mais literais e grosseiros, até os mais metafóricos e sutis.

51. Muitos são os analistas do imaginário, entre eles, notavelmente, C. G. Jung, Gaston Bachelard, Mircea Eliade, Henry Corbin, George Dumézil, Roger Bastide, Ernest Cassirer, Michel Maffesoli e, claro, James Hillman. Mas é com Gilbert Durand e sua obra que se constitui, funda-se e inaugura-se propriamente um campo dos estudos do imaginário tal como entendido hoje, particularmente após 1960, com a publicação de seu magistral *As estruturas antropológicas do imaginário* (Durand, 2002). A partir daí, reuniram-se em torno de Durand "pesquisadores que formam mesmo uma fraternidade, constituída sob a revelação do imaginal" (Barros, A. T. [2014]. Gilbert Durand, o montanhês que desafiou a margem esquerda do Sena. *Esferas* 3(4), 147-156, p. 148). Em 1966, esse grupo, com Durand, fundou na Universidade de Grenoble o Centro de Pesquisas do Imaginário (*Centre de Recherche sur l'Imaginaire* – CRI), modelo que mais tarde foi ampliado e reproduzido em outros centros de pesquisa no mundo, de Seul a Sidney, de Montreal a Recife (cf. todo esse histórico em Durand [1998]. *O imaginário: ensaio acerca das ciências e da filosofia da imagem*. Difel, p. 35-77).

intimidade é quase sempre sentida como uma descida, um aprofundamento, um mergulho. Ou... uma queda. A intimidade, toda intimidade é vertiginosa. Vai ao fundo, quer o fundo, é abismo, é segredo e mistério.

Sentida como o destino dos segredos mais íntimos, a gaveta nos apresenta à vertigem do íntimo, ou ao íntimo como vertigem – o que faz desse um tema também borgiano: gavetas dentro de gavetas dentro de gavetas, como acontece também com prateleiras, bibliotecas, catálogos, listas, labirintos, enciclopédias[52]. A metáfora das gavetas é, primariamente, a metáfora das camadas de sentido. E, nessa medida, também a metáfora de um mundo engavetado, mundo desse nosso tempo classificado e repartido, mundo de tribos, estilos, confrarias, raças, cores, gêneros, sexualidades, atitudes, filiações, identidades, comportamentos, alinhamentos, categorias – cada um na sua: a que grupo pertenço, a que grupo pertencer? Qual é, onde está minha gaveta?

Gavetas: o coração das coisas.

Seguimentos

Procuraremos agora pelos *sinônimos psicológicos*[53] da gaveta. Vejamos alguns deles, para que se proponha por fim uma verdadeira e sincera psicologia das gavetas.

---

52. Bons exemplos disso são "Funes, o memorioso" e "A biblioteca de Babel", contos de Jorge Luis Borges ([1998]. *Ficções* (Vol. 1). Globo).

53. Essa ideia aparece em Gilbert Durand (2002). *Op. cit.*, p. 254; nesta página de Durand, por exemplo, vêmo-lo alinhar, como sinônimos psicológicos, "o templo, o vaso, o sepulcro e a nave". A estes, devemos acrescentar, necessariamente, a gaveta.

Como *túmulo*, a gaveta encerra as coisas, ou seja, guarda terminando. Porque não queremos mais saber de alguma coisa, nós a engavetamos. Nessa rota, algo vai à gaveta porque não está ainda no ponto de destinar-se ao lixo, à lixeira, aos abismos insondáveis do descarte. O lixo é, naturalmente, um estágio no tempo muito diferente do da gaveta, está mais além. Uma gaveta nos impõe então a intimidade da morte, indicando que algo morreu dentro de nós e, sem vida e sem dúvida, passa a viver na região dos esquecimentos. A gaveta é um elogio da morte.

(E por falar em esquecer e lembrar, para Bachelard as coisas inesquecíveis estão no cofre[54]; isso nos permite dizer que na gaveta, ao contrário, estão as coisas que queremos esquecer, ou que querem ser esquecidas. Nesse nível, se o cofre é a memória, a gaveta é a tentativa de nos livrarmos da memória. Muitas coisas entram nas gavetas para serem definitivamente esquecidas, para deixarem de ser lembradas. E que alívio para a alma, para as almas livres, livrar-se da memória! Então, a própria memória está livre para ser aquilo que ela de fato parece ser: uma invenção, uma criação da alma para narrar-se. A psicodinâmica das gavetas não nos envolve com memória, pois a gaveta é, pensando bem, o ultrapassamento da memória. A gaveta é como o Hades, algo como um mundo das trevas, onde as coisas não estão apenas esquecidas, mas estão, na verdade, além do esquecimento, além de *lethe* – esquecimento, encobrimento – na outra margem, num reino do Além, ocultas, nem mortas nem vivas, mas almas. Segundo a

---

54. "No cofre estão as coisas inesquecíveis; inesquecíveis para nós, mas também para aqueles a quem daremos os nossos tesouros" (Bachelard [2008a]. *Op. cit.*, p. 97).

tradição mais antiga, quando algo foi esquecido, houve um encobrimento, no sentido de um desaparecimento. Estar encoberto é estar coberto de *lethe*, coberto pelas águas do esquecimento. Podemos então dizer, com Heidegger, que algo se retraiu para si mesmo[55]. Nesse ponto, ainda resta, para nós da psicologia, refletir mais sobre as relações entre esquecimento e recalque – recalque no sentido psicanalítico de repressão, ou seja, um esquecimento especializado.)

Como *ninho*, a gaveta acolhe e protege. É calor, calor que nutre e mantém vivo. Abarca o que nela encontrou seu lar. É quando guardamos as coisas com carinho e onde mostramos o carinho pelas coisas. Ali, as coisas estão arrumadas, bem dispostas; ou as encontramos jogadas, indispostas. A gaveta que acolhe, a gaveta-ninho, está nutrindo o que é projeto ou o que é reminiscência – futuro ou passado. Então, nas gavetas repousam tanto os projetos insones (endereçados a um tempo em que se poderá talvez conhecê-los, des-engavetá-los), os rascunhos, as visões, as ânsias de futuro, as ansiedades, as pre-ocupações, as projeções, os mapas de minas; quanto as reminiscências adormecidas, os bilhetes perdidos, os papéis melancólicos, as cartas, as fotografias, os pequenos objetos ridículos, uma pistola, os cadernos de sonhos, os diários, as roupas velhas que são, afinal, nossa única conexão concreta com o passado. Passado e futuro: acolher esses tempos, como o faz a gaveta, é torná-los presentes.

Nesse nível mais aquecido, a gaveta também é *forno*, uma retorta alquímica, de onde algo, projeto ou sonho, depois de longamente cozinhado, assado, pode emergir,

---

55. Cf. Heidegger ([2006]. *Ensaios e conferências*. Vozes, p. 233): "Próprio ao esquecer é retrair-se para si mesmo".

pode florescer. Nesse caso, abrir gavetas é estarmos prontos para as viagens das lembranças ou para as viagens dos desejos, as viagens do que fomos e as viagens do que ainda queremos ser. Sendo viagem, convite à viagem interior, uma gaveta é sempre uma partida, soltar-se do cais, deixar-se ir, é barco, saveiro, nave. E, como em toda embarcação, navegamos; ou melhor, sonhamos. Durand[56] afirma que o vaso é "o diminutivo artificial do navio". Para nós, a gaveta é sensivelmente o diminutivo artificial do barco.

Como *arquivo* ou como *fichário*, a gaveta guarda classificando, ordenando, catalogando. O verbete, por exemplo, que é a gaveta da enciclopédia ou dos dicionários, é uma gaveta onde algo se define e está definitivamente guardado, categorizado, onde cabe só aquilo. É uma gaveta-foco, matriz do funcionamento de nossos atuais computadores pessoais, que imaginam nossa experiência da informação organizada em pastas, arquivos, diretórios, documentos. Essas gavetas de escritórios e escrivaninhas refletem a necessidade de armazenamento e a vontade de organização da alma, de sonhar um mundo ordenado, tranquilo, justo, mundo que não ameaça, mundo controlado, o sonho de uma vida plana, fácil, sem obstáculos, um sonho de planície. Trata-se da fantasia de pôr nossa vida em ordem. E que alegria quando tudo ocupa o seu lugar, quando tudo se encaixa! Quantas almas se regozijam num mundo ordenado!

Como *vaso*, a gaveta guarda os segredos, a vida secreta da alma, o que não queremos, não podemos e não iremos mostrar, muitas vezes nem para nós mesmos. É esconderijo. É toca. É a zona mais recôndita da vida ínti-

---

56. Durand (2002). *Op. cit.*, p. 254.

ma. É a gaveta com fechadura, chave ou tranca. É gaveta fechada, que tranca o trânsito natural entre dentro e fora, aberto e fechado, ir e vir, trancando a circulação dos conteúdos nas vias afetivas, gaveta tranca-ruas. Aqui, a gaveta é a região psíquica tanto da vergonha ou da inibição quanto do tesouro e da joia, da preciosidade, daquilo que é mais valorizado e que precisa ser mantido sob proteção. Nesse nível, as coisas estão cerradas, escondidas, apartadas da vista e, tantas vezes, da consciência. Interditadas, interditas, ou protegidas, defendidas. Algo está "bem engavetado".

O trajeto psicológico da gaveta dirige-se, afinal, para aquela que é, dentre todas as gavetas, a mais preciosa, em potência metafórica e como imagem forte na base de nossa relação com o mundo, a gaveta do *coração* – onde estão guardadas tanto as melhores quanto as piores emoções, e as lembranças, os temores, os sonhos, as aspirações, os rancores, as histórias, as frustrações e, mais que tudo, onde está guardado o próprio ritmo de nossa vida, a batida elétrica que nos mantém vivos, nossa pulsação. No coração, podemos encontrar mais firmemente a dialética corrediça de aberto e fechado, de sístole e diástole, que toda gaveta nos traz. Pois toda gaveta nos envolve, afinal, com aberturas e fechamentos. Os movimentos de fechamento e abertura, fluxo e refluxo que o ritmo cardíaco nos impõe, encontra nas gavetas a sua mais perfeita tradução. Assim, compreendemos que o coração apresenta-nos constantes *exemplos de reciprocidades*: dentro/fora, aberto/fechado. Que possamos apanhá-los perto do coração, nossa maior gaveta.

4
A psicopoética das varandas

> *O fato é que as varandas, quando bem orientadas, são o melhor lugar que as nossas casas têm para se ficar; e que é a varanda, afinal, senão uma sala completamente aberta?*
> —Lúcio Costa

> *Esta varanda fica*
> *à margem*
> *da tarde.*
> —Ferreira Gullar

para meus amigos arquitetos Roberto Straub e Vladimir Bartalini

Os estudiosos de arquitetura não negam: a varanda é um filtro, funcionando desde sempre para a casa brasileira como o principal elemento filtrante do exterior, fazendo permear apenas o que interessa à intimidade da família patriarcal[57]. Examinemos o surgimento, no Brasil, tão cedo quanto na Colônia, do elemento arquitetônico da *varanda* – tanto nas habitações domésticas quanto nas edificações religiosas (igrejas e capelas) – em seu aspecto mais essencial, sua emocionalidade mais profunda, e

---
57. Veríssimo, F. S., & Bitar, W. S. (1999). *500 anos da casa no Brasil.* Ediouro, p. 30.

eventualmente naquilo que ela tem a acrescentar sobre a estruturação de uma identidade cultural.

A psicologia do filtrante está diretamente associada à fenomenologia da intimidade. Toda a intimidade filtrou alguma coisa, é resultado de uma escolha, opera uma separação, uma retirada. *Separatio*. A varanda, esse espaço peculiar das edificações rurais e urbanas brasileiras, oferece, até tempos mais modernos, uma experiência dos valores da intimidade diferente daquela de outros lugares do interior da casa; diferente, por exemplo, da experiência das salas, dos quartos e dos banheiros. Cada um desses espaços indica planos diversos do retiro, do abrigo, dos sonhos de acolhimento. Então, que intimidade é essa, a da varanda, que talvez possa ser vista como tão constitutiva? Quais são suas vibrações? Que repercussões na alma imprimem até hoje e como estão traduzidas em nosso jeito de ser? Interessa-nos pensar sobre o que se passa ali, buscando pelas imagens e pelos sonhos que se alojam na varanda.

O lugar

Sabemos que os lugares têm vocação, têm chamados: tanto os lugares públicos, comuns (as diversas geografias, os acidentes de percurso, as topologias, as cidades e tudo o que nelas existe), quanto os lugares privados, particulares (as casas, os cantos das casas, as habitações e seus recortes, espaços, divisões).

Todo lugar é o lugar dos deuses, os deuses estão em todos os lugares. Mas, ao procurarmos pela pessoa mítica que nos dá o sentido de lugar, encontramos Héstia, mais do que qualquer outro influxo arquetípico, como a deusa

grega do lugar. Héstia nos apresenta a ideia de lugar. Toda domesticidade é de Héstia. Ela é a regência do doméstico, é senhora da casa. Nela, o doméstico (*domus*) e o público (*urbis*) se contradizem. Mas, igualmente no espaço público e no espaço privado, ela está presente sempre que há uma experiência de lugar. Com ela, sob sua proteção, podemos iniciar uma breve apreciação do lugar da varanda. Numa topoanálise arquetípica, numa experiência arquitetônica profunda, a varanda está entre os processos psíquicos de Héstia.

Considerar Héstia é enxergar o arquétipo arquitetônico de que precisamos para considerar as varandas, investigando como a mítica imagina a invenção da arquitetura doméstica e o próprio sentido do domicílio. A Héstia devemos a ideia de residência – como algo imutável, fixo, permanente – em todas as suas ofertas de intimidade, proteção, abrigo, união, tradição, segurança, familiaridade, paz e ordem.

Com Héstia e a domesticidade vem também a ideia de centro. "Todo microcosmo, toda região habitada, tem o que poderíamos chamar um 'Centro', ou seja, um lugar sagrado por excelência", segundo escreve Mircea Eliade[58]. Os centros são lugares sagrados; todo centramento é sagrado, sagrado no sentido de evocar a presença dos deuses. O impulso ao centro, a atração centrípeta, as fantasias psicológicas de centramento e centralidade pertencem a Héstia. É um estilo de consciência, e Héstia apresenta-nos esse estilo ao mesmo tempo que nos ensina a nos mover por ele.

---

58. Eliade, M. (1991). *Imagens e símbolos: ensaio sobre o simbolismo mágico-religioso*. Martins Fontes, p. 35.

A esse ensinamento pertence a percepção do quanto é importante experimentar o centro como múltiplos centros, pois para tudo há um centro, em tudo há um centro. O centro não é uma ideia única, e ele se distingue mesmo da ideia de unidade. Colocar o foco nas várias experiências de centralidade é uma das lições de Héstia. Com Héstia, procuramos nossos centros psíquicos.

Todos os centros estão submetidos à essência de algo, essência do ser de algo. Todo ponto central nos espera com a promessa da essência. Todos os centros são incorporações de essências mais ou menos imediatas. Mas todo centro é também um vazio, vazio que faz girar a roda a partir da qual aparecem as formas de tudo.

Um centro aquece, isso nos diz Héstia, deusa centrípeta do fogo e da lareira. Assim, o centro é sempre algo aquecido, permeado de afetos – ou não é um centro. Centros e afetividades se confundem, e onde há afeto há um centramento, uma concentração de interesses. E só é centro o que for hospitaleiro, pois essa era outra atribuição de Héstia, que é uma atribuição da lareira: hospitalidade. Uma lareira, o próprio fogo doméstico, reúne, faz juntar, convida à aproximação e reconecta as diferenças. Ou seja, só é verdadeiramente um centro aquilo que pode receber em seu meio, sem sentir-se ou estar ameaçado, o estrangeiro, o estranho, o não familiar, o Outro. A porta (da casa, da vida, do coração, da mente) deve se fechar para que haja concentração e foco, mas não pode estar trancada, selada, intransigente ao trânsito; deve permitir a entrada do outro. Do contrário o fogo é baixo, fraco, não aquece, é vulnerável, e o centro é rígido, não mantém – ao contrário, aprisiona. O trancamento enrijece. A imaginação xenófoba, excesso literalizado de Héstia, trabalha a rejeição dura. Bem aqui têm nascimento em nós as mentalidades dogmáticas. A entrada consentida do outro, a entrada festejada do outro em casa, do estranho à morada, é a prova de fogo do fogo, prova da hospitalidade do fogo, ou seja, prova da consistência e da profundidade de um foco, de uma certeza concentrada não enrijecida, das concentrações organizadoras a partir das quais algo se realiza, algo se firma com potência no mundo com alma. Foco também é enfoque, o modo particular como entendemos e experimentamos as coisas[59].

Héstia é a centralidade, e todo centro é quente, resume uma paixão, essencializa uma paixão. Héstia é a casa do ponto de vista do fogo. Héstia é a casa vista a partir de um foco.

A casa

A casa, invenção de Héstia, é um arquétipo. A função de habitar é arquetípica, pois algo em nós deseja sempre o abrigo, a proteção, deseja aninhar-se. A imagem arquetípica da casa mostra a alma em seu "estado de moradia"[60].

---

59. "O centro que simboliza Héstia não define, pois, somente um mundo fechado e isolado; ele pressupõe também, correlativamente, outros centros análogos; [...] sem fazer parte da linhagem familiar, um elemento estrangeiro pode assim se achar, de maneira mais ou menos durável, ligado e integrado a uma outra casa que não a sua" (Vernant, J.-P. [1990]. *Mito e pensamento entre os gregos*. Paz e Terra, p. 211).

60. Kirksey, B. (1984). Héstia: a background of psychological focusing. In J. Hillman (ed.), *Facing the gods* (Cap. 6). Spring, p. 105.

O arquétipo da habitação encontra expressão na imagem de Héstia. Héstia é a alma nesse seu "estado de moradia"[61.]

A casa, como iniciação à ideia de lugar, desdobra-se nas preocupações, ou "dá lugar" a elas, que surgem em nós com relação a nosso lugar no mundo – a angústia do pertencimento, a volta ao lar, os acidentes geográficos que me localizam e me definem.

É na casa, é com a casa que aprendemos o sentido de intimidade. Tudo na casa é intimidade. Ela é a extensão do berço, do ninho. Para Gaston Bachelard, é extensão da mãe, do ventre, da caverna. Ela define a função de habitar, ainda que a função possa estar presente em outras situações[62].

Gaston Bachelard, poeta-filósofo do espaço, examina a casa em duas direções, a que sobe e a que desce. Para ele, a imaginação da casa é sempre vertical, um eixo que

---

61. "Experiências arquitetônicas profundas são ações, não objetos. Como consequência dessas ações implícitas, a reação corporal é um aspecto inseparável da experiência da arquitetura. As imagens arquitetônicas são promessas e convites: o piso é um convite a levantar-se e agir; uma porta convida a cruzá-la e entrar; uma janela, a contemplar a vista; uma escada, a subir e a descer. [...] Em sua estrutura, a imagem arquitetônica primordial é semelhante à noção de arquétipo formulada por C. G. Jung" (Pallasmaa, J. [2017]. *Habitar*. Gustavo Gili, p. 96, 102).

62. "Na autoestrada, o motorista de caminhão está em casa, embora ali não seja a sua residência; na tecelagem, a tecelã está em casa, mesmo não sendo ali a sua habitação. Na usina elétrica, o engenheiro está em casa, mesmo não sendo ali a sua habitação. Essas construções oferecem ao homem um abrigo. Nelas, o homem de certo modo habita e não habita, se por habitar entender-se simplesmente possuir uma residência" (Heidegger [2006]. *Op. cit.*, p. 125).

expõe o arquétipo da casa a movimentos que muitas vezes se aprofundam para baixo e para cima, movimentos que vão do porão ao sótão. Sua "poética do espaço" imagina a casa oniricamente completa sempre em acepções ascendentes e descendentes, indo dos telhados, áticos e sótãos, representando a consciência e os processos sublimados, aos porões e além-porões, onde está a vida inconsciente dos arquétipos e da ancestralidade, dos instintos e da morte, passando pelo "térreo da vida comum". Trabalha a polarização entre porão e sótão, o que faz imaginar a casa como um "ser vertical". Bachelard sobe e desce as escadas, examina degraus, percorre o espaço doméstico verticalmente. Encontra no esquema vertical sua melhor imagem para expor "as seduções da vida recolhida". No porão, "encontra a terra, a terra negra e úmida, a terra debaixo da casa"; no sótão, encontra o "reino da vida seca"[63]. Para Bachelard, na casa estamos entre a altura e a profundeza, nas dialéticas do seco e do úmido, movendo-nos entre o alto e o baixo.

Similarmente, a casa onírica e a metáfora da casa estão presentes de forma notável em vários sonhos e passagens da autobiografia de C. G. Jung, *Memórias, sonhos, reflexões*. Mais paradigmático entre todos, é conhecido seu sonho de 1909, no qual Jung está em uma estranha casa, que ele percorre com extraordinária curiosidade, sonho imediatamente preliminar a seu rompimento com Freud. Assim ele o narra:

---

63. Bachelard, G. (1990a). *A terra e os devaneios do repouso*. Martins Fontes, p. 81, 84, 85.

Eu estava numa casa desconhecida, de dois andares. Era a "minha" casa. Estava no segundo andar onde havia uma espécie de sala de estar, com belos móveis de estilo rococó. As paredes eram ornadas de quadros valiosos. Surpreso de que esta casa fosse minha, pensava: "Nada mau!" De repente, lembrei-me de que ainda não sabia qual era o aspecto do andar inferior. Desci a escada e cheguei ao andar térreo. Ali, tudo era mais antigo. Essa parte da casa datava do século XV ou XVI. A instalação era medieval e o ladrilho vermelho. Tudo estava mergulhado na penumbra. Eu passeava pelos quartos, dizendo: "Quero explorar a casa inteira!" Cheguei diante de uma porta pesada e a abri. Deparei com uma escada de pedra que conduzia à adega. Descendo-a, cheguei a uma sala muito antiga, cujo teto era em abóbada. Examinando as paredes descobri que, entre as pedras comuns de que eram feitas, havia camadas de tijolos e pedaços de tijolo na argamassa. Reconheci que essas paredes datavam da época romana. Meu interesse chegara ao máximo. Examinei também o piso coberto de lajes. Numa delas, descobri uma argola. Puxei-a. A laje deslocou-se e sob ela vi outra escada de degraus estreitos de pedra, que desci, chegando enfim a uma gruta baixa e rochosa. Na poeira espessa que cobria o solo havia ossadas, restos de vasos e vestígios de uma civilização primitiva. Descobri dois crânios humanos, provavelmente muito velhos, já meio desintegrados. Depois, acordei.[64]

Além de lançar algumas pistas sobre suas concepções arquitetônicas e históricas, Jung viu apresentar-se a ele nesse sonho, como é sabido, um tipo de diagrama estrutural da alma humana. Para ele, "era claro que a casa

---

64. Jung, C. G. (1975). *Memórias, sonhos, reflexões*. Nova Fronteira, p. 143.

representava uma espécie de imagem da psique"[65], onde a sala de estar do andar superior correspondia à consciência e à cultura e, à medida em que Jung descia as diversas escadas, ia penetrando em níveis cada vez mais profundos do inconsciente e da memória ancestral resguardada em nós. Notamos significativamente que foi por meio de um sonho de casa, por uma metáfora arquitetônica completa, que Jung chegou pela primeira vez, como ele mesmo declara nas *Memórias*, à noção de um inconsciente coletivo, sua ideia de maior impacto para a história da psicanálise. É uma casa, mais do que qualquer outra imagem, que serviu para Jung confirmar, nada mais nada menos, sua teoria dos arquétipos do inconsciente coletivo.

Assim, tanto em Bachelard quanto em Jung vemos funcionar uma imaginação verticalizante, aquela que nos dirige simultaneamente às alturas e às profundezas ou, em última instância, ao mergulho e ao voo. Esse é sempre um eixo espiritual[66].

Sabemos que Jung também se interessava por arquitetura e tinha ideias arquitetônicas próprias, ideias que

---

65. "Por causa desse sonho pensei, pela primeira vez, na existência de um *a priori* coletivo da psique pessoal, que considerei primeiramente como sendo os vestígios funcionais anteriores. Só mais tarde, quando minhas experiências se multiplicaram e meu saber se consolidou, reconheci que esses modos funcionais eram formas do instinto: os arquétipos" (*Ibid.*, p. 144-145).

66. "A casa é imaginada como um ser vertical. Ela se eleva. Ela se diferencia no sentido de sua verticalidade. É um dos apelos à nossa consciência de verticalidade" (Bachelard [1990a]. *Op. cit.*, p. 36). A casa, no percorrê-la verticalmente, subida e descida, ascensão e descensão, guarda um parentesco com a montanha.

pôde exercer principalmente na construção de sua residência em Küsnacht, mas também, ainda que de modo mais selvagem, na Torre de Bollingen. Em Küsnacht, a troca de ideias com o jovem arquiteto da casa, seu primo Ernst Fiechter, que elaborou vários desenhos preliminares, foi intensa, tendo este que fazer inúmeras alterações e mesmo apresentar diversas versões do projeto original de acordo com as modificações e sugestões constantes indicadas por Jung, na maioria das vezes por carta. Essas indicações estilísticas e construtivas estendiam-se inclusive para além da casa e também incluíam a concepção do jardim. Sua primeira carta ao arquiteto, falando da intenção de construir uma casa nas margens do Lago de Zurique, num terreno recém-adquirido, impressiona pelo nível de detalhes construtivos e até mesmo decorativos, e incluía alguns esboços do próprio Jung, tanto desenhos da fachada quanto de plantas baixas dos andares previstos. A casa tem uma aparência senhorial e segue o estilo romântico dito Heimatstil, cujo objetivo era "mergulhar nas formas de construção tradicionais, típicas e locais, desenvolvendo-as para adaptá-las às necessidades modernas"[67]. Esse estilo nacionalista, de ideologia patriótica, muito caro a Jung, presente na Suíça nas primeiras décadas do século XX, realiza uma interpretação da arquitetura regional tradicional que idealiza a natureza e exalta o mundo campestre.

---

67. Michel, R. (2009). Between Palatial Villa and Lake Zurich House: the house of Carl Gustav Jung as architectural landmark. In S. Küsnacht (ed.), *The House of C. G. Jung: the history and restoration of the residence of Emma and Carl Gustav Jung-Rauschenbach*. Chiron, p. 64.

A varanda

A varanda, ou o alpendre, espaço fronteiriço a meio caminho entre a sala da sociabilidade e o jardim dos instintos, prova-se de fato um campo afetivo muito complexo, intermediário por excelência, talvez o espaço mais complexo da casa tradicional brasileira, em razão de suas múltiplas funções: filtro, exercício de vigilância, relaxamento dos discursos, intimidade mais aberta, descanso e lazer, amenização climática, fator de sombra (aproveitando o beiral do telhado da residência), marcação de território, elemento de transição dos afetos e contatos sociais. Entre os espaços habitados, a varanda é transição, marca o fluxo entre um estado frio – a rua, o jardim, o campo, a cidade, os lugares abertos e seu apelo ao distanciamento e à expansão – e um estado quente – o lar, a intimidade, a convivência familiar, os lugares fechados do interior da casa e seu apelo ao aquecimento e ao resguardo. A varanda coloca-se *horizontalmente* em relação à sala e ao jardim. Nesse sentido, no sentido de uma continuidade mútua entre extroversão e introversão, como espaço de intersecção própria entre intimidade e publicidade, a varanda realiza, para quem a utiliza, um percurso que deve ser sentido de forma horizontal, fazendo funcionar – ao contrário do que se vê em Jung e Bachelard – uma imaginação horizontalizante, aquela que nos dirige simultaneamente ao fora e ao dentro ou, em última instância, à casca e ao miolo. Esse é sempre um eixo de alma.

Com a varanda, podemos então examinar a casa em duas direções: aquela que entra e aquela que sai. A varanda torna explícito esse eixo horizontal, que convida um estilo arquetípico de consciência dupla, ambivalente, no qual as coisas se equalizam. A psicopoética da horizontalidade tem aqui uma realização.

Lugar de nuanças, a varanda é onde a positividade de habitar, a funcionalidade do lar, ou mesmo da construção, desde logo cede espaço ao trânsito do aberto e do fechado e às dialéticas de interno e externo, de recuo e avanço. Na zona rural, na zona urbana, nos bairros mais tradicionais e tranquilos das grandes cidades e nas pequenas cidades do interior, para a burguesia, para a classe média, assim como para a gente simples, a varanda serve para ver e ser visto, para esconder e revelar. É vitrine, ao mesmo tempo que é o provador. Assim, a varanda, também chamada de "sala de viver", entendida pelos historiadores de arquitetura como "peça de receber", oferece dois vetores originais e simbólicos para uma fenomenologia do íntimo, para qualquer psicologia da intimidade: o fora que ainda não é fora, e o dentro que ainda não é dentro. Nela, exterior e interior não se apresentam mais em conflito ou como opostos, mas tornam-se complementares. Varanda: espaço de intersecção entre o público e o privado, ambiente matizado que põe fim a essa dialética própria do eu e do outro, pois ela é um filtro para o espaço privado – filtra tanto o que entra quanto o que sai –, ao mesmo tempo que é local de encontro com o que vem de fora, onde a notícia do mundo encontra a história de nossa privacidade. A varanda deixa explícita e ameniza, simultaneamente, a dialética *oîkos-polis*, que não deixa também de ser uma diluição das dinâmicas entre masculino e feminino.

Se comparada à sala de estar social no interior da casa, a varanda, a meio caminho do mundo exterior público da cidade ou do campo e do mundo interior da vida privada da domesticidade, institui uma forma de comportamento particular nos espaços de morar tradicionais que nosso país foi capaz de inventar. Não propriamente inventar, mas aprimorar, pois nossa varanda é herdeira de uma ancestralidade europeia que a liga à *loggia* italiana, à galeria mourisca, ao alpendre português, ao espaço alpendrado do jardim inglês, ao gazebo e também ao bangalô indiano – ainda que se possam traçar suas raízes na latada de certas habitações rurais do Nordeste brasileiro que, como conta o arquiteto-historiador Luís Saia[68], "é uma peça da casa sertaneja, formada por quatro esteios e uma cobertura horizontal de galhos e folhas", geralmente encostada no edifício principal. Os brasileiros estão acostumados ao "intervalo da varanda", esse "colchão de sombras", abrigo colocado no lado exterior das edificações; um jeito de estar que acompanha um jeito de ser. Historicamente, "é tão nítida a segregação da família nas casas seiscentistas, que existe uma faixa de permeio entre aquela e o mundo. Nesta faixa se situa toda a atividade social que possa estabelecer uma ligação entre a família e os estranhos ou escravos", também nos conta Saia. Essa faixa, que marca território, é composta por alpendre-capela-quarto de hóspedes e separa a família e o corpo da casa daquilo que chega do mundo exterior. Em muitos casos, o quarto de hóspedes comunicava-se apenas com a varanda, nunca com o interior da casa.

Pelos historiadores da arquitetura, sabemos que a existência das varandas está diretamente ligada ao clima. Nos trópicos, o calor intenso provocou a busca de recursos que

---

68. Saia, L. (1978). *Arquitetura religiosa*. Fau-Usp; Mec-Iphan, p. 103.

pudessem evitar o sol direto nas paredes exteriores das casas, moderando a temperatura interna das residências.

    Contudo, para além da questão da temperatura, para além da imaginação térmica, há na varanda um jogo de luz e sombra que é aqui o ponto final desta reflexão. Além de intervenção climática, naquilo que ela ameniza de calor para a vida nos trópicos, resfriando também os ânimos, é mais importante, de um ponto de vista psicológico, entender aquilo que ela suaviza dos efeitos superlativos da luz solar. Como sistema de sombreamento nas regiões extremamente ensolaradas, no que ela traz de conforto lúmico, de uma luz difusa, atenuada, atua alterando a percepção dos indivíduos e de seu estado emocional. Ao rebaixamento da luz segue-se naturalmente um rebaixamento da consciência e das tensões próprias a ela, que permite à varanda estabelecer-se como um espaço onde coloquialidade e informalidade podem ser exercidas com liberdade, onde os papéis sociais são de fato abrandados ou aproximados, passando a ser um lugar onde os da casa podem, junto aos de fora, além do mais, contar histórias e anedotas, fazer revelações, tecer fofocas, maldições, premonições, reavivar memórias, jogar conversa fora, namorar, às vezes lembrar os mortos ou mesmo mergulhar mais livremente no miúdo dos detalhes do dia a dia: a varanda tem sua linguagem. Sua linguagem é a da conversa miúda, dita conversa fiada, papo furado, conversa mole. Esse é o tipo de intimidade que a varanda origina.

    Numa apropriação do descanso e da distensão, reunindo peças menos empertigadas do que as existentes no interior das salas de estar, na varanda até o próprio mobiliário já atesta esse relaxamento dos corpos e das atitudes

– bancos, banquetas, poltronas mais confortáveis de vime, pufes, almofadas, redes.

Em sua função de transição, de *intermezzo*, função de intervalo, as varandas, de alguma forma, ainda estão presentes, ou se fazem sentir até hoje, também nos átrios dos edifícios modernos de escritórios (e mesmo nos residenciais), nos *lobbys* dos grandes hotéis, nas sacadas dos apartamentos nos centros urbanos (muitas vezes postas diante de vistas espetaculares) e em pérgolas, pergolados, puxadinhos, terraços, vestíbulos, caramanchões – todos os espaços sombreados intermediários. Permanece uma necessidade da alma.

5
Devaneios da ferramenta: a escuta

A matéria é um centro de sonhos.
—Gaston Bachelard

para minha amiga Diana Cardoso

1. Toda arte, todo ofício, todo negócio têm suas ferramentas. A metáfora da ferramenta inscreve-se num imaginário sempre presente, sempre cotidiano. No mundo da Terra, a ferramenta é uma vontade, a vontade de agir, a vontade de dizer. A ferramenta realiza (atualiza?) um devaneio da vontade, ao modo bachelardiano. Trabalhador, ferramenta e tarefa se unem e enfrentam a resistência da *matéria-prima*. Mas só a ferramenta conhece de fato intimamente a resistência da matéria, participa dela, obriga-a a mostrar-se. A ferramenta apura nossa vontade. Ferramenta é vontade. Joga-nos na dialética ócio-ofício. Amar as ferramentas é amar os meios, não os fins. Ferramentas nos servem, mas são afinal nossa maneira de servir à matéria. É para esse campo do imaginário que iremos nos deslocar agora.

Ferramentas: utensílios, apetrechos, traquitanas, aparelhos, equipamentos, equipagem, artefatos, aparatos. Máquinas, maquinário. Com elas, toda a literatura das bulas, dos manuais de instruções, dos catálogos, dos guias de bolso, dos tutoriais, das regulamentações técnicas, das normas de segurança, das listas, dos boletins. Mas também procedimento, jeito, recurso. Realização de um trabalho. É como uma lição de virilidade que enxergamos as ferramentas. Estamos no campo do masculino, campo da precisão e da força. A ferramenta é um foco. O martelo acerta o prego na cabeça. O compasso, o telefone, a picareta, a faca, as agulhas, a marreta, a régua, tudo isso necessita de foco para realizar sua vontade; já é um foco. Encontramos o brilhantismo da tesoura, a coragem da furadeira, o ímpeto do maçarico, o balanço do fuê.

Ferramentas não são métodos, não são caminhos. Ferramentas são instrumentos, são realizadoras, realizam um método. Instrumentalizam, e instrumentalizar é dar condições para que algo se realize. O trabalho, qualquer trabalho, busca sua ferramenta. O desejo da ferramenta é uma extensão da vontade da mão. Vontade de potência, embora seja a ferramenta e *sua* vontade que ensinam nossas mãos. As mãos "aprendem com as ferramentas e os materiais com que trabalham"[69]. Do bisturi ao serrote, da pinça ao esmeril, da vara de pesca ao telescópio espacial James Webb, da palavra ao canto, toda ferramenta é penetração. Está no campo do *vir*: viril, virilidade, virtude, vírus, virtuosidade, exibindo a ideia de varão, homem. Já exprime a condição de força. O *vir* não é o penetrável, mas o que penetra; não é o passivo, mas o ativo. É isso que definiu a virilidade desde os romanos. O cidadão romano já era o *vir*. A penetração pertence de tal forma ao universo masculino, é de tal forma definidora das fantasias

---

69. Hillman, J. (1989a). *Entre vistas: conversas com Laura Pozzo sobre psicoterapia, biografia, amor, alma, sonhos, trabalho, imaginação e o estado da cultura.* Summus, p. 175.

do *vir*, que teríamos que falar mais, falar a tal ponto de fazer uma psicanálise da penetração, o que significa estudar seus complexos, seus complexos individuais e culturais, sua sombra, seu *pathos*, suas fantasias de dominação, humilhação, fecundação e controle, sua dor e seu gozo, sua vulnerabilidade, suas disfunções eréteis, sua morte, os arquétipos a que pertence.

O mundo visto da perspectiva da ferramenta é uma oficina-universo. A oficina espelha o universo. Do ponto de vista da alma do trabalho, o pedaço de alma que é um trabalhador em nós entende o mundo como uma oficina[70].

2. O elemento terra, segundo Bachelard, diferenciando-se do que caracteriza os outros elementos[71], entrega-nos, por um lado, a psicologia da força, ou seja, da vontade e, por outro, a psicologia da intimidade. Bachelard aponta para uma dialética entre essas duas polaridades. É o elemento terra, onde se inscreve toda pesquisa imaginal e poética sobre as ferramentas, que "inventa" ferramentas, pois elas têm a ver com força, são subsidiárias do devaneio da vontade: elas existem porque existe vontade. Portanto, podemos chegar a uma psicologia da vontade por meio do estudo das ferramentas. Bachelard abre para nós, dessa maneira, uma possibilidade imensa de percepção e

---

70. "Uma meditação da oficina amplia-se até chegar a uma meditação do universo" (Bachelard, G. [1991]. *A terra e os devaneios da vontade*. Martins Fontes, p. 49).

71. Assim como o elemento fogo entrega-nos a psicologia do desejo; o elemento ar, a psicologia da liberdade (ou do movimento); e o elemento água, a psicologia da pureza, as lições da pureza.

aprendizado com relação àquilo que chamamos, tanto em psicologia quanto em filosofia, de *vontade*. Na psicologia, estamos muito acostumados a localizar a vontade apenas no ego. Aprendemos que a vontade pertence ao ego: força de vontade, esse querer em nós que identificamos como volição, normalmente entendida como uma das capacidades ou faculdades específicas da consciência, assim como a memória, a percepção, o conhecimento, o foco, a vigilância, a cognição, a função do real. Bachelard desloca a reflexão sobre a vontade para muito além da consciência – desloca, diríamos, para a alma. Dá-nos um caminho arquetípico para entender a vontade como algo que está localizado além do ego, ou mesmo apesar do ego: quantas coisas que temos vontade de fazer, ou de parar de fazer, mas que não conseguimos, pois há uma vontade mais profunda, vinda de um lugar que não conhecemos, e que discorda do ego, e se impõe. Como uma realidade misteriosa, enraizada no inconsciente, a vontade pertence a todas as coisas, para além do humano, o que nos permite, por sua vez, identificar a vontade das ferramentas. A vontade do martelo é muito diferente da do pincel, ou do alicate, por exemplo. Basta vê-los em ação.

A vontade, essa realidade presente na alma, na alma de todas as coisas, pode, de fato, ser compreendida por meio do elemento terra. Os elementos são lentes através das quais enxergar a realidade do mundo, menos substâncias em si (o que seria uma compreensão muito literalizada), mas lentes para se observar a qualidade de situações ou fenômenos na existência. Ao encarar a vontade como um fenômeno arquetípico, presente em tudo, Bachelard faz com que a vontade se inscreva entre os mistérios da existência –

tanto quanto o é a liberdade, o movimento, a pureza. Qual o desenho de sua vontade? Qual seu desígnio?

    O elemento terra quer dizer o mundo material. A terra é a realidade física, aquilo que Henri Bergson chama de o "mundo dos sólidos". A vontade atua no mundo dos sólidos. Isso também é uma metáfora, pois não precisamos entender o mundo dos sólidos apenas literalmente. Há nossos sólidos interiores: o que enrijece em nós, o que coagula demais, o que ficou opaco, aquilo que se torna uma verdade unilateral e inquestionável, monotemática e absoluta. Tornou-se um sólido, faz parte de nossa solidez (e tantas vezes solidez é solidão). E aquilo que solidificou dentro de nós, para além da consistência necessária, que chamamos de dificuldades ou problemas, argumentos sistemáticos, dogmas e crenças particulares, pode ser entendido como solidificações, o que nos remete diretamente às qualidades das solidificações. Pois o mundo dos sólidos, o mundo da matéria, cuja primeira característica é a resistência, apresenta-se, sempre segundo Bachelard, de duas maneiras: o mole e o duro. "Duro e mole são os primeiros qualificativos recebidos pela *resistência* da matéria. [...] Na ordem da matéria, o *sim* e o *não* se dizem *mole* e *duro*"[72]. Há matérias que, ao mesmo tempo que oferecem uma resistência, estão dizendo *sim*: a massa, a lama, o barro, o pão, o gelatinoso, o viscoso, o elástico – valores. E há a resistência que diz *não*: pedra, metal, madeira, ferro – sintomas. Valores dizem sim, sintomas dizem não. Esse é o elemento terra convocando ferramentas. Tudo

---

72. Bachelard (1991). *Op. cit.*, p. 15.

que pertence ao mundo dos sólidos convoca ferramentas. Ao transportarmos essas percepções para realidades interiores, realidades anímicas, estaremos diante de toda uma nova psicologia da resistência: tudo o que é material em nós, terreno, terroso, da terra, resiste, e porque resiste convoca-nos a ir contra; ao irmos contra, despertamos, mostramos nosso ser de energia, nosso ser de *vir*. Esse é o raciocínio que Bachelard nos ensina. Examinemos esta passagem tão significativa:

> O mundo resistente nos impulsiona para fora do ser estático, para fora do ser. E começam os mistérios da energia. Somos desde então seres *despertos*. [...] Todos esses objetos *resistentes* trazem a marca das ambivalências da ajuda e do obstáculo. São seres por dominar. Dão-nos o ser de nossa perícia, o ser de nossa energia.[73]

Dessa forma, é como se a resistência fosse absolutamente necessária para nos despertar, para nos mostrar quem somos. A resistência, conceito psicanalítico de base, passa então de um não querer a um querer revelador da qualidade de minha energia, de como me entrego à vida. A resistência é uma qualidade da matéria e serve para convocar nossa energia a se mostrar. Penso ser nesse momento que nasce em nós um amor pelas ferramentas. Pois elas são amáveis – ou serão apenas mais um objeto no extenso mundo dos sólidos. Para o trabalhador, o trabalhador sincero, elas são amáveis. Ele, se está aderido a seu trabalho com fervor, ama suas ferramentas, em qualquer ofício, do piano ao esquadro, da espada à pluma.

---

73. *Ibid.*, p. 16.

3. Toda ferramenta é um objeto mágico. Consagra a seu criador, que dirá seu operador, o *status* do poeta lírico, do xamã, do curador, do alquimista, do demiurgo, do mago, na medida em que uma ferramenta é, no limite, a extensão de nossa vontade de transformação. Toda ferramenta dá um caráter específico à nossa vontade, quer transformar o mundo dos sólidos. É a carta do Mago nos tarôs, o arcano do número 1, aquele que começa, que está na origem de tudo: realização, e para realizar alguma coisa é preciso ter vontade. Lei da vontade, do querer. Vir a ser. O agente. Fazer o que se quer. Rachel Pollack[74], estudiosa transgênero do tarô, assim o compreende: "o Mago significa força de vontade. [...] A maioria das pessoas raramente age; em vez disso, reage e é lançada de uma experiência a outra. Agir é conduzir sua força por meio da vontade para onde você quiser que ela vá".

Com ferramentas estamos diante de imagens da potência, de demonstrações de potência, pois a potência é um elemento da vontade como um dinamismo da alma. Mesmo ferramentas em repouso, no momento em que não estão sendo usadas, dão um testemunho de potência[75].

4. Toda ferramenta é um produto da imaginação. E isso já nos lança na psicologia. Ferramentas psicológicas nos

---

74. Pollack, R. (2022). *Setenta e oito graus de sabedoria*. Pensamento, p. 55.

75. Vontade e desejo parecem ser fenômenos anímicos sutilmente diferentes. A vontade inscreve-se dentro do elemento terra, com sua psicologia ligada ao mundo dos sólidos e às fenomenologias da resistência; e o desejo, dentro do elemento fogo, daquilo que acende e se consome. A terra da vontade e o fogo do desejo.

interessam: sua agressividade, seu carinho, sua arte, sua penetração, sua lógica, sua eficácia. Sua inutilidade também, ferramentas inúteis, que só servem para fazer poesia. Assim, quero agora chamar a atenção para o que me parece ser talvez a grande, a primeira ferramenta de nosso ofício de terapeutas, aquela que vem antes de todas as outras: a escuta. Quero falar do ouvido. Ouçam.

A orelha é uma zona erógena. Há um *eros* solto nos recôncavos receptivos e ondulados dessa caverna prazeirosa. Há uma libido na orelha, um despertar. O ouvido é um labirinto. O tímpano é um tambor, o primeiro dos tambores. Os três menores ossos do corpo humano, que se encontram interconectados no ouvido e que conduzem o som do tímpano ao ouvido interno, sendo os primeiros responsáveis pela audição, têm nomes de ferramentas: martelo (*malleus*), bigorna (*incus*) e estribo (*stapes*), numa semelhança de fato incrível. Então, é lá que precisamente começamos a trabalhar. Talvez esteja aí nossa primeira oficina: a escuta. Escutar é um trabalho, uma ação. É com eles, com esses ossículos e seu tambor, que começa o milagre da escuta. O tom da voz, a música que ouvimos naquilo que alguém está falando, as modulações, as ênfases, os timbres participam desse mistério. Nele, tudo é percussão. Tudo quer bater.

Curiosamente, o ouvido é, a um só tempo, o órgão da audição e do equilíbrio. Nele convergem essas duas funções de sobrevivência: a escuta e a estabilidade. Haverá mesmo uma ligação profunda entre essas duas instâncias? Será que nos desequilibramos quando não podemos mais ouvir? Ou deixamos de ouvir na instabilidade? Seriam as otites a contraparte acústica de uma depressão ou do pânico? Seriam tonturas, essas nossas inseguranças, um modo eficaz de parar de ouvir?

Quero ainda contrastar a escuta e a visada, considerar o ouvido, e não o olho, instrumento da metáfora. Deslocamo-nos da ocularidade, sempre tão presente, para a auricularidade, sempre tão esquecida. Sabemos que a audição é anterior à visão, que o som é percebido antes. Escutar é conhecer. Segundo o que diz Gilbert Durand[76], aqui estamos entre nossos dois principais "atlas sensoriais": o visual e o audiofônico. A cura pela fala requer uma escuta analítica. Nossa psicologia arquetípica acostumou-nos ao comando da visão, com as metáforas óticas: ver, rever, refletir, enxergar, visionar, especular, espelhamento, visibilidades, *insight*. O espelho da psique. O olho da mente. Ficar com a imagem. Enxergar através. Uma psicologia revisionista. Entretanto, *ouvir através*, por sua vez, é, no fundo, a mesma metáfora, mas com algumas diferenças. A principal é entre luz e trevas. O farol claro dos olhos, a caverna escura dos ouvidos.

Com "enxergar através", Hillman sugere o que lhe parecem ser especificamente as *ferramentas da alma* em seu caminho errante: ideias. Temos mais uma vez a ênfase na luz, na visão, própria de uma retórica da ocularidade. Caracterizando essas ferramentas com as quais o processo de enxergar através prossegue, diz ele: "ideias são os instrumentos da alma. Sem elas, não podemos ver, muito menos ver através. As ideias são os olhos da alma, dando à psique seu poder de *insight*"[77]. Ideias são ferramentas para James Hillman, o terapeuta das ideias[78].

---

76. Durand (2002). *Op. cit.*, p. 157.

77. Hillman (2010c). *Op. cit.*, p. 277.

78. A individuação "é uma ferramenta ideacional: não vemos a individuação, mas por meio dela" (*Ibid.*, p. 287).

A transferência (uma ideia e uma experiência) talvez tenha sido a primeira ferramenta em nosso campo de psicologia profunda. A psicanálise, muitas vezes, define-se propriamente como a arte do manejo da transferência. Muitas outras ferramentas vieram e ainda estão a serem imaginadas. Nesse passo, iremos até a inteligência artificial, ferramenta das ferramentas, que poderá nos entregar finalmente o terapeuta robô. Na verdade, não é uma ferramenta exatamente, mas uma prótese. O terapeuta robô é onde foi parar o desumanizar de Hillman[79], pois não deixa de ser uma desumanização, mas no lugar da alma está a máquina, com inteligências não humanas.

Por sua vez, o ouvido é "o sentido da noite"[80], e podemos entender que a obscuridade é amplificadora do barulho[81]. Assim, ouvir – ouvir bem – está mais ligado às trevas do que à luz. Ouve-se mais na escuridão. Mais do que o silêncio, é do escuro que precisamos para perceber as coisas. Isso porque escutar, mais do que outros sentidos, é imaginar. O olhar, a seu modo, está associado a seu objeto, à luz. "É que ouvimos mais pela imaginação do que pela percepção", como diz Bachelard[82]. Entregamo-nos assim às ressonâncias. A escuridão, então, não é vazio, mas agitação, atividade. Quando não estão escutando você, fique em silêncio, fique no escuro.

---

79. *Ibid.*, p. 319-429.

80. Bachelard (1990a). *Op. cit.*, p. 149.

81. Durand (2002). *Op. cit.*, p. 92. "Ouvir é mais dramático que ver" (Bachelard, G. [1990b]. *O ar e os sonhos*. Martins Fontes, p. 233).

82. Bachelard (1990a). *Op. cit.*, p. 151.

O olho é a linha reta, sem obstrução. É onde aprendemos a dialética eu-você. O olho é vogal. O ouvido é sinuoso. Na escuta, todo caminho é curva, é consoante. É onde aprendemos a imaginar, a temer.

Também na esfera pública, na esfera política do campo democrático, visibilidade é importante, claro, para alguns inclusive é tudo, mas no fundo o que queremos, o que precisamos, é sermos ouvidos, é nos fazer escutar. Nesse sentido, os impedimentos com que nos deparamos hoje no cenário público têm mais a ver com a impossibilidade da escuta do que com a possibilidade da fala.

Bachelard[83] diz que a filosofia é o ofício dos olhos; então eu diria que a psicologia é o ofício dos ouvidos. Ouvidos: é por lá que nos chegam súplicas, reclamações, queixas, histórias, anseios, perguntas, confissões, reflexões, sonhos, memórias. O terapeuta deve ser rico de ouvidos. A conversa, de verdade, precisa dos ouvidos, mais do que das bocas. É por lá que começam as conversas, quando alguém escuta. "Você não está me ouvindo!", ou "Ele não me escuta!", "Eles não me entendem" – são queixas recorrentes até numa criança. Falar não basta, é preciso ser escutado. Saúde acústica. Escutar para ver. É verdade, temos que aprender a ouvir, mas estamos desde sempre apenas aprendendo a falar.

Sabedoria acústica é entender que escutar é uma maneira de fazer o outro dizer. Repito, e termino, pois é isso que queremos como terapeutas: escutar é uma maneira de fazer o outro dizer.

---

83. *Ibid.*, p. 29.

Continuidade, penetração, alma – pós-escrito

Num intrigante ensaio de James Hillman (2005), do livro *Senex and puer*, "Notas sobre verticalidade: criação, transcendência, ambição, ereção, inflação", ele claramente enxerga a fenomenologia e a psicologia *puer* equacionada a modos ascensionais de consciência, com as direções transcendentes e verticais na alma, com ereção e eretibilidade e, em consequência, também com ambição, competição, arrogância e aquilo que a psicologia agora chama de "inflação" – como se a consciência *puer* ignorasse o "mundo diário e sua incessante continuidade"[84]. Quero chamar a atenção para essa "incessante continuidade". Hillman continua mostrando-nos que todas aquelas características, se vistas a partir da perspectiva do *puer*, e não de nossa perspectiva egoica habitual, revelam de fato uma verdadeira fenomenologia espiritual, onde a transcendência torna-se um modo de transgressão, e arrogância, ambição e inflação podem ser compreendidas como emoções que estão trabalhando rumo a "redenção, beleza, amor, alegria, justiça [e] honra"[85] no mundo. Mas ambição, arrogância e mesmo inflação levam-nos para cima. O que nos levaria para frente?

Encarar e lutar com a "incessante continuidade" de nosso mundo diário, a própria ideia de um mundo diário, que se repete todos os dias, leva-nos para longe do *puer* e para perto da alma, movendo-nos da verticalidade para a horizontalidade, um movimento anti-heroico.

---

84. Hillman, J. (2005). *Uniform edition of the writings of James Hillman: Vol. 3. Senex and puer*. Spring, p. 159.

85. *Ibid*., p. 175.

Também um movimento antiereção, pois não mais buscaríamos a ereção *per se*, ou ereção arquetípica, como com o *puer*, mas a penetração arquetípica, como com a *anima*, penetração no plano horizontal, no mundo (e não além ou fora dele). A ereção não é uma função de relação, ainda que mágica e miraculosa. "Uma ereção serve menos para relacionar amantes do que carregá-los rumo aos céus em êxtase. Uma flecha, não uma ponte"[86]. A ela falta continuidade, sendo totalmente momentânea, um instante no tempo. Talvez a continuidade seja mais um predicado da *anima* do que um aspecto do *senex*. É a *anima* que nos mantém em ligações, enlaçados, penetrando e sendo penetrados. A verticalidade do espírito é intermitente, não incessante. Ele salta, momentos de *insight*, de visão. A alma e a horizontalidade, por sua vez, parecem incessantes, porque a alma está sempre conosco, sempre disponível para nós, sendo a própria continuidade de tudo, nossas contínuas e inexplicáveis complicações com o mundo. O que se segue ao ascencionismo, à verticalidade e à ereção é a penetração arquetípica horizontal no mundo.

A "continuidade" que não cessa é o *mundo*, vale de fazer alma. Essa é a esfera dos relacionamentos e da interpenetração de todas as coisas, ideias, pessoas, paixões, patologias, quando estamos horizontalmente alinhados com a *anima* como aquele fator em nós que penetra e é penetrado, que percebe o mundo e é percebido por ele. Dessa perspectiva, estar na alma, *esse in anima*, é estar num modo penetrativo.

---

86. *Ibid.*, p. 167.

Podemos enxergar com clareza o quanto estamos presos nas condições do arquétipo *senex/puer* em nossa cultura, ou seja, enxergar o quanto estamos condicionados a experimentar o que é velho e o que é novo, o que é passado e o que é futuro, o que é tradição e o que é inspiração (todos os dias em nossas vidas e no mundo), sempre em termos ascensionais, com uma imaginação vertical, *ups and downs*, para cima e para baixo, num círculo fechado de ereções e depressões. Pois, se a verticalidade está presente no *puer*, como Hillman tão extensivamente nos demonstra, ela também é relevante para o *senex*. Depressão, melancolia e descidas são aspectos importantes da consciência *senex*. Saturnina, sentimos seu peso plúmbeo. A consciência *senex* envolve-nos com profundidade, com o aprofundamento das experiências, com peso, como se estivéssemos, por assim dizer, em "ascensões para baixo": "o puxão da gravidade para baixo e para dentro da subjetividade"[87].

Mas é possível e necessário imaginar e experimentar a profundidade também num plano *horizontal*, com uma fantasia penetrante. A alma também pode aprofundar as coisas em conexões horizontais. Aquilo que Jung reconheceu como *anima* começa como uma função de relação num nível horizontal. Se for assim, podemos agora voltar à ereção e à penetração, com que começamos, com que tudo começa, e dizer que, se o *puer* é "para cima e para baixo", a *anima* é "para dentro e para fora". Nessa imagem perpendicular, todos temos que realizar o casamento *puer*-psique, o que para mim significa pedir a todos aqueles que

---

87. *Ibid.*, p. 257.

agem em nome da alma que encontrem as conexões entre "o impulso ascensional do *puer* e o abraço nebuloso e sobrecarregado da alma"[88].

---

88. *Ibid.*, p. 84.

6
A raiz quadrada da alma: duas breves reflexões sobre matemática e alma

> *Já estudei matemática que é a loucura do raciocínio.*
> —Clarice Lispector

1. No volume 8 da *Uniform Edition of the Writings of James Hillman, Philosophical Intimations*, publicado em 2016, que reúne seus ensaios sobre filosofia e psicologia, há alguns textos em que Hillman examina a imaginação e a metafísica da mensuração, dos números, das medidas, procurando avaliar como o pensamento quantitativo entra na psicologia, a "matematização" da psicologia. Um dos ensaios do volume, aquele em que ele procura, ao contrário, a psicologização da matemática, motiva em especial esta minha reflexão e é meu ponto de partida. O ensaio chama-se "A resistência à matemática". Lá, ele lembra da famosa frase de Edward Lee Thorndike, o psicólogo comportamental de Harvard, de 1918: "Tudo o que existe, existe numa certa quantidade" – observação à qual acrescenta a de William McCall, o famoso educador norte-americano: "Tudo o que existe numa certa quantidade pode ser medido"[89]. Medir é contar, e há evidências históricas de que contamos desde

---

[89]. Hillman, J. (2016). *Uniform edition of the writings of James Hillman: Vol. 8. Philosophical intimations*. Spring, p. 157.

o Paleolítico, fazendo marquinhas em bastões ou pedaços de ossos já há 30 mil anos. "Tal prática é, provavelmente, o mais arcaico e imediato método de registrar visivelmente a ideia numérica, caracterizando-se como maneira para 'contar' algo, como um modo de comunicação"[90]. Sempre quisemos ou precisamos contar. A contagem dos números precede a contação de histórias? Serão a mesma coisa? Mais importante do que medir é contar, e ao contar já estamos medindo. Quando contamos uma história, estamos medindo seu impacto, seu tamanho em nós.

A matemática tem um sonho de grandeza, apresenta uma fantasia de domínio da realidade[91]. Essa fantasia diz que há uma inteligência por trás da estrutura do mundo e que é possível alcançá-la: o código matemático[92]. Ela é a linguagem do universo ou, como disse de modo célebre Galileu: "A matemática é o alfabeto com o qual Deus escreveu o universo". Um mais um é igual a dois, sempre. (Bem, quase sempre.) É uma autoridade inquestionável e, segundo Hillman, a resistência à matemática é uma resistência a essa autoridade absoluta. Um mundo todo constituído de teoremas, axiomas, problemas e soluções, a lógica das equações, da ordem e das medidas. Os números querem para si o pertencimento de tudo, sempre quiseram absorver tudo; as formas geométricas sonham

---

90. Vale, P. do, & Melo, W. (2019). Psicologia do número: uma análise junguiana do número e do processo de contagem. *Pesquisas e Práticas Psicossociais 14*(4), 1-13, p. 3.

91. "No começo é a Relação, por isso a matemática reina sobre o real" (Bachelard, G. [2008b]. *Estudos*. Contraponto, p. 18).

92. Para essa discussão, cf. Early, R. (1994). Spirit and soul in mathematics. *Spring 55*, 102-109.

explicar o mundo; as fórmulas algébricas prometem revelar os segredos da natureza. Quantidades, quantificação. Grandezas, pequenezas. Há números reais positivos, negativos, imaginários, complexos e mesmo números irracionais. As idades são números, os anos são números[93]. Mas os números, de fato, estão fora do tempo. Nesse devaneio matemático, todo um mundo metafórico se abre à compreensão psicológica.

O mundo da psicologia recebeu o influxo da matemática. E não só na questão estrita das medidas: fazemos o balanço das relações, escapamos pela tangente, percebemos a multiplicação dos afetos, a soma dos sintomas, a aritmética dos desejos, o comprimento dos envolvimentos, o volume das tentações, as frações de nossos medos, as provas de nossa sinceridade, as áreas de contato, o ponto exato das discussões, a linha de argumentação, a fórmula do sucesso, os ângulos de visão, o diâmetro necessário, o conjunto de expectativas, o círculo de amizades, o cálculo das probabilidades, as difíceis triangulações amorosas, o perímetro dramático da família, a extensão de nossas depressões, a altura de nossas pretensões, o vazio infinito. Para a matemática (talvez somente para ela), os problemas têm solução.

Essa é a maneira como a linguagem usa a matemática, mas qual será a maneira como a matemática usa a linguagem? A matemática já é uma linguagem, com suas figuras e expressões, seus signos e símbolos próprios, analogias, códigos e fórmulas, com forte poder discursivo.

---

93. No calendário gregoriano, estamos no ano 2024, mas no calendário islâmico, por exemplo, estamos em 1446. No chinês, 4722; no judaico, 5785; no budista, 2568; no bizantino, 7533; no coreano, 4357; no hindu, 1946; no assírio, 6774 – e por aí vão os números.

Invertendo por um momento a fórmula de Bachelard, os teoremas ocultam poemas[94].

Lembremos as criações filosóficas de Tales de Mileto, Euclides, Pitágoras, Arquimedes, Ptolomeu, Proclo, Hipátia (considerada a primeira mulher matemática, aluna de Plotino, morta cruelmente por cristãos fanáticos por não abrir mão de suas crenças pagãs em 415 d.C.), Omar Caiam, Issac Newton, Girolamo Cardano, Leonardo Fibonacci, Leonhard Euler, o pensamento matemático de Descartes, de Adrianus Romanus, de Husserl, de Kurt Gödel (o melhor amigo de Einstein, criador do famoso Teorema da Incompletude[95], que anula todas as certezas matemáticas), dos grandes matemáticos da história, os reis do pensamento lógico, os grandes geômetras do espaço, como Antifonte, que nos ajuda a "compreender como se colocou, definitivamente, na história da matemática a questão de saber a natureza dos pontos em um segmento de reta"[96]. Há uma linha sequencial de poetas

---

94. "Os poemas ocultam os teoremas" (Bachelard, G. (1994). *A psicanálise do fogo*. Martins Fontes, p. 2).

95. "Qualquer teoria efetivamente gerada capaz de expressar algumas verdades básicas de aritmética não pode ser, ao mesmo tempo, completa e consistente. Ou seja, em uma teoria consistente, sempre há proposições que não podem ser demonstradas nem verdadeiras, nem falsas" (Teoremas da incompletude de Gödel. In Wikipédia. https://pt.wikipedia.org/wiki/Teoremas_da_incompletude_de_G%C3%B6del). Em outras palavras, o que é completo não pode ser ao mesmo tempo coerente. Essa afirmação, que tanto impacto teve na filosofia da matemática, também expressa, a meu ver, uma realidade psicológica.

96. Carvalho, S. (2011). *A área e o perímetro de um círculo*. Universidade Federal de Minas Gerais, p. 7-8.

da abstração, que vem desde Hípias de Elis, o sofista, que nasceu por volta de 460 a.C. e que descobriu a trisseção de um ângulo e também, mais importante, a *quadratix*, a quadratura do círculo, metáfora tão amplamente usada na alquimia medieval e pela psicologia profunda – linha que chega até Alexander Grothendieck, vencedor da Medalha Fields em 1966, o Oscar da Matemática, que ficou conhecido por seu trabalho pioneiro na área de geometria algébrica e também por suas fortes convicções políticas, as quais o levaram a renunciar à vida pública e acadêmica em 1991, aos 42 anos, não publicando mais nada, retirando-se para uma vida de eremita numa aldeia dos Pirineus franceses, morrendo com 86 anos, em 2014, e deixando em caixas obsessivamente arrumadas, encomendadas em medidas a serem observadas minuciosamente, 100 mil páginas de arquivos escritos, um tesouro que pode dar solução a problemas ainda não resolvidos. Grothendieck, um pacifista radical, teve uma breve mas intensa relação com o Brasil. Morou em São Paulo de 1952 a 1954, lecionando na Universidade de São Paulo um curso sobre espaços vetoriais topológicos. E há ainda Nicolas Bourbaki, o celebrado matemático que nunca existiu. Nicolas Bourbaki é o nome de um sujeito inventado por um grupo de matemáticos franceses no século XX, por volta de 1935, portanto um pseudônimo coletivo, que serviu para assinar a publicação de uma série de livros de uma matemática avançada elaborada por esse grupo, livros que se tornaram referências importantes no campo, especialmente o tratado *Éléments de mathématique*, composto de dez livros publicados a partir de 1939, com tomos sobre teoria dos conjuntos, álgebra comutativa, espaços vetoriais topológicos, teorias espectrais. Espécie de sociedade secreta, dela fazia parte como um de seus fundadores, entre outros, André Weil, o gênio matemático irmão de Simone Weil. O grupo promovia encontros, seminários e congressos para discussão e debate de novos caminhos para a matemática, dos quais Simone participava eventualmente, e manteve sempre a ficção de que seus trabalhos eram obra de um homem chamado Bourbaki, membro da Royal Academy of Poldévia[97].

Alan Turing (1912-1954) foi outro desses matemáticos com vidas extremamente interessantes para a psicologia da genialidade, pioneiro da inteligência artificial e da ciência da computação. Sua homossexualidade resultou em um processo criminal em 1952, pois atos homossexuais eram ilegais no Reino Unido na época, e ele aceitou o tratamento com hormônios femininos e castração química, como alternativa à prisão. Deprimido, teria cometido suicídio em 8 de junho de 1954, algumas semanas antes de completar 42 anos, por ingestão de cianeto. Uma maçã meio comida foi encontrada ao lado de sua cama, o que apontou para o envenenamento. O detalhe interessante é que *Branca de Neve*, o filme de Walt Disney de 1937, era seu conto de fadas favorito, uma história de maçãs e poções venenosas.

Essa linha de pensadores estava na mente de Descartes, no século XVII, quando sonhou a *mathesis* (μάθησις) – palavra grega que significa "aprendizagem", ou simplesmente

---

[97]. Desde 1952, existe na França uma *Association das collaborateurs de Nicolas Bourbaki*, que até hoje promove regularmente seminários e cursos.

"o aprendizado", aprender praticando, aprender por experiência – *mathesis* que é o delírio (ou a delícia) de imaginar uma ciência que explicasse tudo, sobretudo no que diz respeito à quantidade e à ordem, a sabedoria de natureza essencialmente matemática, que abarcaria todos os princípios e propriedades que são comuns num reino das quantidades, também denominada como *mathematica generalis*, ou *mathesis universalis*. Isso ainda nos traz à mente o *mundus imaginalis*, de Henri Corbin, como um conhecimento total.

Na alquimia, o famoso "axioma de Maria", não se esqueça, é uma fórmula matemática: "O um torna-se dois, dois torna-se três, e do terceiro vem o um como o quatro". Com ele se realiza o processo alquímico. O axioma serviu para Jung como uma poderosa metáfora para o *processo de individuação*[98].

"Uma pessoa ignorante de geometria não pode entrar" (*Ageometrètos mèdeis eisito*)[99] – esse lema estava inscrito no portal da Academia de Platão. Ali, o estudo das matemáticas era um preparo para a filosofia, uma propedêutica à aprendizagem e ao prazer de pensar. De fato, muitos filósofos ao longo da história foram primeiro matemáticos, Gaston Bachelard entre eles (e também sua filha, Suzanne Bachelard, também filósofa, também matemática). Para Platão, o desempenho da matemática levava à busca da verdade, como a base, a raiz de um pensamento claro. Já

---

98. Jung, OC 12, § 26, 209.

99. Cornelli, G. & Coelho, M. C. (2007). "Quem não é geômetra não entre!" Geometria, filosofia e platonismo. *Kriterion* 48(116), 417-435, p. 420.

era uma *mathesis* da alma. *Matematikós* é aquele que empreende o estudo, o "apreciador do conhecimento".

A matemática é o reino da quantidade; a psicologia é o campo do incomensurável, daquilo que está "abaixo da superfície da mente racional"[100] – embora haja, como sempre houve, tentativas de se estabelecer *medidas em psicologia*, a abordagem matemática à psique: testes, técnicas, instrumentos, escores, avaliação, o laboratório de Wundt. Nós, psicólogos, deveríamos nos voltar para a imaginação das medidas, e não para a medição da imaginação. Medir sempre foi uma necessidade arquetípica. Está no pensamento científico, com sua visão unificada da natureza; está na alquimia, exposta em imagens (não em números) poeticamente muito precisas, que prescindem dos números: as diferenças de calor, por exemplo, são medidas por imagens tais como "a barriga dos cavalos, a quentura do estrume apodrecendo, um banho-maria, o sol em Junho, a chama direta"[101] – prova de que é possível medir sem números. Medir com números, entretanto, é uma das paixões da abstração. No que tange ao calor propriamente dito, inventou-se o termômetro. Também se inventaram os relógios.

Tudo isso serve, além do mais, para nos levar a pensar na noção da medida de cada vida individual, seu *métron*, seu lote, seu destino quantificado/limitado, e vai até onde a *hybris* quer dizer o incomensurável, o sem limite, o desmedido. Aqui, o *métron* pode ecoar o "metro" como é usado na poesia, na música – a métrica, que é a medida que

---

100. Hillman (2016). *Op. cit.*, p. 160.
101. *Ibid.*, p. 164.

dá o ritmo para uma composição, que propicia a batida de uma canção, a cadência de uma estrofe, ou de uma vida: *métron*, o destino medido por seu ritmo, apresentado por sua medida.

Mas é a alma, afinal, o xis da questão: "Já fui convidada para ser estrela/Do nosso cinema/Ser estrela é bem fácil/Sair do Estácio é que é/O 'x' do problema" – famoso samba de Noel Rosa[102], na voz de Aracy de Almeida nos anos 1930[103]. Na canção de Jorge Mautner[104], a conta é outra: "Na matemática de meu desejo,/eu sempre quero mais um, mais um, mais um beijo". Assim também é no poema de José Paulo Paes[105], "Skepsis": "'Dois e dois são três' disse o louco./'Não são não!' berrou o tolo./'Talvez sejam', resmungou o sábio."

O xis da questão e a questão do xis: diga-se de passagem, o xis é uma invenção atribuída a Descartes. Ele foi o primeiro a usá-lo, desde 1629 em vários manuscritos, mas conta-se a história de que ele escolheu o xis quando perguntado por seu editor e tipógrafo como representar quantidades desconhecidas nas equações. O tipógrafo sugeriu o xis por ser a letra menos usada em francês. Designa a incógnita, do latim *incognitus*, o ignorado, a

---

102. Rosa, N. (1936). O x do problema [Música]

103. Ouça também: "Fiz uma jura pra mim de viver na razão/E ninguém brinca mais com a minha emoção/Pois tentar ser feliz é o x da questão!" – "O x da questão", letra de Andre Oliveira, Gilson Bernini e Xande de Pilares.

104. Mautner, J. (2016). *Kaos total*. Companhia das Letras, p. 83.

105. Paes, J. P. (2001). *Socráticas: poemas*. Companhia das Letras, p. 17.

variável desconhecida. Xis é o inconsciente, o desconhecido nomeado[106].

Mas os números também são qualidades. O *logos* dos números, a numerologia, atesta-o convincentemente, embora, no fim das contas, não possamos compreendê-los por completo. Permanecem um mistério. Alguém os inventou, ou sempre estiveram lá? Um grande mistério é um número que nos fala do vazio, do nada, da dimensão do finito, do inexistente, do acabado, que nos desafia a conceber o inconcebível: o zero, aquele que preside sobre os números positivos e negativos, exatamente ali, no meio do universo. O mais antigo zero da história é babilônico, aparece cerca de 3.500 a.C. Zero é o nada, a neutralidade. *Zero é o número do finito.*

E há o Pi: 3,14159265..., a razão entre o comprimento de um círculo e seu diâmetro, um número irracional, ou seja, não exato ou periódico, o número mais conhecido e estudado no mundo. O valor exato de Pi nunca pode ser calculado, portanto aponta para tudo aquilo que não podemos medir (ou compreender) em nossas vidas, do amor ao ódio, à devoção, aos sonhos. *Pi é o número do infinito.*

---

106. Na vida comum, há muitos e curiosos usos da letra X, pois o "X acabou por significar aquilo que não sabemos, aquilo que estamos procurando, das *sex shops* e raios invisíveis, às marcas que indicam onde estão os tesouros perdidos" (Olson, K. (2019). *The Weil conjectures: on math and the pursuit of the unknown.* Farrar, Strauss and Giroux, p. 9). O belo livro de Karen Olson examina as vidas de Simone Weil e seu irmão, o matemático André Weil, dois extraordinários pensadores. Olson, ela própria com formação em matemática, constrói uma narrativa híbrida de biografia, memórias e exame da vida criativa.

A matemática, como a psicologia, beneficia-se de analogias. As operações da matemática podem ser metáforas para as equações da alma. Nosso lance psicológico pode ser qualificar quantidades, em vez de quantificar qualidades. Não se trata da lógica dos números, não da numerologia do espírito, mas da alma das operações, e das operações da alma. De novo, números como qualidades.

Essa brincadeira com as matemáticas quer nos entregar o exato da alma, a precisão lógica da alma, de que a psique é precisa em todas as suas manifestações, nem mais nem menos, coisa que tanto aprendemos com a psicologia arquetípica e com James Hillman[107]: "Precisão de conteúdo caracteriza precisamente a *imagem*, que é o autorretrato dos *archai* que a imagem contém". Hillman também sempre insistiu na busca pelas raízes metafóricas das disciplinas, das atividades humanas. A raiz metafórica da psicologia é a alma. A raiz quadrada da alma é a imagem, cujo sentido ao quadrado, em sua metáfora, resulta nela mesma. Esse é o meu teorema.

2. Em seu discurso na Academia Sueca em 7 de dezembro de 1998, José Saramago, ao receber o Prêmio Nobel de Literatura, comentando sobre seu livro intitulado *Manual de pintura e caligrafia*, onde admite que a personagem principal, um medíocre pintor de retratos, teria-lhe ensinado a reconhecer e acatar seus próprios limites, afirma: "Não podendo nem ambicionando aventurar-me para além do meu pequeno terreno de cultivo, restava-me a possibilidade de cavar para o fundo, para baixo, na

---

107. Hillman (2016). *Op. cit.*, p. 137.

direção das raízes"[108]. Será que posso somar algum devaneio aos sentidos dessa afirmação?

Tudo o que é raiz está enterrado, morto. Mas sua contradição diz: está vivo, participa do vivente como aquilo que o nutre, onde está sua base, sua fonte plástica, seu movimento que aprofunda. Para Gaston Bachelard, a imagem da raiz é o morto vivo. Essa imagem está no início de seu capítulo sobre "A raiz", em *A terra e os devaneios do repouso*, de 1948[109]. A raiz é o início, a matéria, a origem, o fundamento. Ocupa o lugar mais fundo, então é no fundo, para cima ou para baixo, para frente ou para trás, que encontramos as raízes. Aí encontramos o "eixo da profundidade" – tão caro à nossa psicologia arquetípica de raiz heraclítica, e à imaginação de Saramago. Com a raiz aprofundamo-nos, sem limites. É serpente vegetalizada, que come a terra e não reconhece limites, deslizando sempre para o mais fundo, destinada sempre ao mais longínquo, quilha singrando a terra para baixo. A serpente/raiz é a terra sentindo seu próprio gosto. A raiz é a penetração da terra, ela penetra profundamente, estabelece com o elemento terra uma relação de penetração. Isso também nos diz que a terra é o elemento, talvez o único, que pode ser verdadeiramente penetrado. Aqui estão domiciliados, segundo a intuição de Bachelard, os "devaneios da vontade". Ele então não deixa de registrar nesse ponto, lembrando dos psicanalistas, um "componente de ofensiva sexual"[110].

---

108. Viel, R. (2018). *Um país levantado em alegria: 20 anos do prêmio Nobel de literatura a José Saramago*. Companhia das Letras, p. 158.

109. Bachelard (1990a). *Op. cit.*, p. 239.

110. *Ibid.*, p. 228

Terra não mais a mãe, veja-se, mas a receptora, a Virgem, a Amante. *A raiz pertence à poética erótica do espaço.*

Se são origens, raízes são mães, mas são também a criança, começo. Na imagem da raiz, mãe e criança, fonte e frutificação se fundem. É uma imagem absoluta, uma supermetáfora, "síntese ativa da vida e da morte"[111], a melhor imagem para a complexidade de nossa interioridade mais profunda, ou da interioridade *como* complexidade, a imagem para aquilo que de complexo se encontra em nós invisivelmente, imagem das nossas complexidades subterrâneas, que se ramificam de modo infindável, rumo à ancestralidade. O materialismo da raiz é o materialismo fundante, criante. Pela raiz, começa o ser; com o ser, começa o vir a ser no tempo. No tempo, a raiz é o fundo anterior, a ancestralidade de qualquer coisa, visível ou invisível. Na presença de raízes, firmamos um devir, o devir fica firme. As raízes mimetizam nossa relação com o tempo imemorial, nossa certeza de estarmos enraizados no tempo, de que é o tempo, no fundo e verdadeiramente, a nossa casa. Estar enraizado é tudo. Desenraizados, perecemos. *A raiz pertence à poética cósmica do tempo.*

A árvore é um ser completo, cosmogônico, tem nela, misturando-os, todos os quatro elementos da imaginação material: ar, terra, fogo e água. Sua copa toca o céu, enraíza no ar. A "eretibilidade" da árvore reflete nossos anseios de elevação, nossos anseios ascensionais. Como a árvore, nós também estamos de pé na terra. Na sua vegetalidade, na sua vida verde, de planta, a árvore é a terra em sua dinâmica verticalizante. A imaginação da árvore é uma

---

111. *Ibid.*, p. 239.

imaginação verticalizada: "Como a imaginação dinâmica adora esse ser sempre ereto, esse ser que não se deita jamais!"[112]. Assim, é sempre uma tentação, para a imaginação radical, inverter a árvore, cabeça para baixo, pés para cima, raízes aéreas, raízes para cima, enraizar-se no céu azul, em outras terras, na lua, na *terra alba*. O que diz essa inversão? Primeiro, diz mais uma vez que o caminho para cima é igual ao caminho para baixo. Depois, sabemos também pela inversão que tudo, para nós, pode ser terra, base, fonte, assento, pois onde principiamos, onde estão nossos princípios, lá está nossa terra. A árvore "une o infernal ao celeste, o ar à terra"[113], raiz e ramagem. Une também o fogo à água, porque, antecipando tudo aquilo que pode arder, tudo aquilo que em nós tem a capacidade inflamável, a árvore é, como Bachelard[114] bem a chama, "a mãe do fogo". Sua resina, sua seiva, seu líquido nobre, seu fluxo invisível, sangue verde, carrega a memória de uma água interior inflamável, uma água-ardente.

Para o psicólogo, para o amante da psique, a raiz é o arquétipo, onde tudo começa[115]. Para o poeta, o amante da palavra, a raiz é sonho, onde tudo acaba, onde tudo vai parar, para onde tudo aponta, onde tudo se metaforiza.

A imaginação radical é uma radicalização da imaginação.

---

112. Bachelard (1990b). *Op. cit.*, p. 211.

113. *Ibid.*, p. 215.

114. *Ibid.*, p. 209.

115. "Imaginemos então os arquétipos como os *padrões mais profundos do funcionamento psíquico*, as raízes da alma que governam as perspectivas que temos de nós mesmos e do mundo" (Hillman [2010c]. *Op. cit.*, p. 33).

7
Lixo ordinário

> *Pois de tudo fica um pouco.*
> —Carlos Drummond de Andrade

Lixo ordinário

Do ponto de vista do planeta, não existe lixo, não existe "jogar algo fora". Hoje, vivemos as diferenças entre reciclagem, reúso e reaproveitamento, que é também a diferença entre lixo e resíduo. Lixo é o que não serve. Resíduo é a sobra *reaproveitável* de algum processo. Do ponto de vista ambiental, não dá para falar em lixo: tudo serve, tudo se transforma.

Mas o que é o lixo do ponto de vista psicológico? Se "de tudo fica um pouco", o que fazer com nossos resíduos emocionais? Onde colocá-los? Esse lixo, ainda que seja aquilo que você despreza ou rejeita de suas experiências vividas, não pode ser confundido com as noções de *sombra* da psicologia junguiana. Se entendemos os resíduos como sobras (não sombras) de processos vitais, o que fazer então, por exemplo, com o que sobrou de uma relação malograda, de um casamento terminado, de uma briga entre sócios ou entre irmãos, de um amor antigo, ou impossível, de um projeto já realizado, de um desejo proibido, de uma viagem terminada, de uma carreira abandonada, de frases malditas, ou mal ouvidas, de toda uma vida bem ou mal vivida, de estoques e pilhas de lembranças, as piores lembranças de infância que, de repente, voltam num fragmento de sonho? Sobras. Se não trabalhamos mais com a noção de lixo, nem com a de sombra, de que forma entender como reaproveitáveis essas sobras, as sobras dessas experiências? E mais: como de fato reaproveitá-las? Para onde encaminhá-las? Que processos psíquicos estão envolvidos na reciclagem? No reúso? No descarte?

O próprio fazer alma (*soul-making*), como todo fazer, como toda arte ou atividade, produz resíduos. O que a educação ambiental pode nos ensinar sobre a terapia da psique e como pode ela influenciar uma educação psicológica? Sobram perguntas.

* * *

É possível encontrar em nossa época pelo menos duas fantasias predominantes por dentro de nossos comportamentos mais habituais: a fantasia de voo (fantasia ascensional, para cima, de destaque do mundo, espiritualizante, em que estamos sempre querendo subir, mudar de nível moral, financeiro, social) e a fantasia de limpeza (também espiritual, de distanciamento, de purificação, onde entram diversas práticas de saúde mental e física, ginástica, alimentação natural, meditação, ioga). A questão do lixo, dentro e fora de nós, tem, a meu ver, conexão direta com ambas: numa, estamos indo para fora do mundo mau (sujo); noutra, estamos limpando o mundo sujo (mau).

Quem inventou o lixo foi René Descartes, dizia James Hillman, ao declarar o mundo morto, lugar de coisas sem vida, descartável, não importante, sem alma. Lixo

ordinário, lixo do nosso dia a dia, lixo de cada dia, todo o dia. Na psicologia profunda, o lixo entrou de primeira, já com Freud em 1900 e seu trabalho que entende que os sonhos, a matéria onírica propriamente dita, e suas fantasias inconscientes são feitos de restos, dos tais "resíduos do dia" (*Tagesreste*), do que sobrou e não tem destino a não ser... a alma. O inconsciente como lata de lixo. Somos feitos da matéria dos sonhos, e, para Freud, a matéria dos sonhos é lixo reaproveitado.

O lixo é um eixo. Rodamos em torno dele. É um tema tão desagradável, tão incômodo, quem é que gosta de falar em sobras, restos, escombros, entulhos, detritos, dejetos, rejeitos, refugos, podridão, vexames, pesadelos, pecados, erros, fracassos? Que imenso universo nas trevas! Que imenso universo linguístico!

Na psicologia do lixo, a categoria das sobras, dos restos, é diferente da categoria do resíduo. Produzem na alma eventos com destinos diferentes. Esses são eixos da matéria psíquica e nos deixam entrever níveis em que a alma opera sua psicanálise, seu balanço, suas reciclagens, seu aprofundamento natural.

Nesse contexto, a perspectiva do reaproveitamento é certamente a fantasia do renascimento. Quando algo é reaproveitado, renasce. Ao falarmos em *renascimento*, estamos em terreno arquetípico. Lembramos C. G. Jung e seu trabalho com a psicologia desse arquétipo, no ensaio "Sobre o renascimento", de 1939, no qual ele destaca "formas" de renascimento: metempsicose, reencarnação, ressurreição (*resurrectio*) e renascimento (*renovatio*)[116]. Lembramos

---

116. Jung, OC 9/1, § 199-258.

também da importância da sílaba "re", que quase sempre nos envolve com as ações próprias e primárias da psicologia. Com ela, fazemos psicoterapia, como mostrou James Hillman[117] em passagens do livro *Entre vistas*, que relembramos sempre: "O que importa é a pequena sílaba 're' – é a sílaba mais importante na psicologia: relembrar, retornar, rever, refletir". Pois mais uma vez queremos fazer alma com ela, agora com as noções mais modernas (ou nem tanto) de reaproveitamento, reúso, redução, reutilização, reestruturação, reciclagem, remontagem.

Resíduos

Todo ser vivo gera lixo. Estamos sempre gerando algum tipo de sobra, de resto ou resíduo em tudo que fazemos. Fazer é também (fazer) sobrar. Sobras se acumulam, restos permanecem, resíduos proliferam num mundo inconsciente. O lixo é um problema constante.

Lixo por toda parte. Quer ver? Resíduos químicos, orgânicos, líquidos, sólidos, industriais, tecnológicos e de saúde. Resíduos pastosos, plásticos, alimentícios, de construção civil, entulho. Lâmpadas fluorescentes, pilhas, baterias, toners, cartuchos de impressora, sucatas de informática e telefonia – o assim chamado *e-waste*, lixo eletrônico, gerado também pelo descarte de televisores, aparelhos de ar-condicionado, computadores, monitores, celulares e outros aparelhos com substâncias poluentes que oferecem risco à saúde humana, como o chumbo, o mercúrio, o berílio e o cádmio. Fios, cabos, pneus e toda a linha branca. Excedentes de fabricação, estoques antigos. Tudo isso vai

---

117. Hillman (1989a). *Op. cit.*, p. 123.

fora, vence, quebra, apodrece, extingue-se, acaba. Vai para o lixo. Estoques vencidos, perecíveis vencidos. Borras de tinta, óleos, estopas contaminadas, instrumentação. Resíduos infectantes de hospitais, farmácias, laboratórios, postos de saúde e consultórios dentários. Cemitérios de automóveis, de azulejos, ferros-velhos, sucatas.

Lixo espacial, novo (nem tanto!) e desconcertante: satélites usados, cascos de foguetes, pedaços de equipamentos. Um pedaço descartado do foguete que levou o Sputnik-1, o primeiro satélite artificial, em 1957, à órbita da Terra tornou-se o primeiro detrito produzido por nós no espaço sideral, e quase todas as missões subsequentes adicionaram mais lixo espacial em nosso quintal cósmico, um enxame, um vexame. E esse lixo varia de fragmentos do tamanho de uma maçã até motores enormes de foguetes, de parafusos perdidos até manchas de tinta.

Há também todo o universo dos "usados" e dos "seminovos". Aqui temos tudo aquilo que sobra ou que se mistura e troca de mãos: economia circular. Podem ser carros, livros, roupas; podem estar nos brechós, *bric-à-bracs*, lojinhas de bairro, pontas de estoque, revendas, mercado de pulgas, lojas de antiguidades. Nesses ambientes, a mente trabalha, neles ela imagina: passado e futuro, misturas, renovações, revoluções, novas abordagens. Nova consciência. A imaginação circula. São ambientes de lançamento. São portanto importantes para aprendermos a lidar com nossas vidas. Esses ambientes são lições de moral.

Lixo biológico, o assim chamado DNA lixo: uma rápida busca de informações pela internet nos conta que o DNA lixo é a parte do DNA que não participa da formação de proteínas e tem uma função "desconhecida". Acredita-se que o DNA lixo relaciona-se a mutações inócuas ou partes de vírus que tenham se incorporado ao genoma. É lixo puro, lixo dentro de nós, lixo parte de nós.

E ainda mais: no fim de tudo, nós mesmos como lixo, o último dos lixos e das sobras – nossos *restos mortais*: isso nosso que é osso e que fica, sobra, resta, permanece, dura.

Lixo por toda parte. Lixo seco e lixo úmido. Como encaminhar isso tudo? Como fazer e manter contato com isso tudo? Como criar e manter uma *consciência do lixo*? O que é, para nós da psicologia, a "metáfora lixo"?

Para tudo isso, todo esse lixo, imagina-se uma destinação final. Há países que vendem, e há os que compram lixo. Esse é um negócio que movimenta bilhões de dólares e envolve desde empresas lícitas até o crime organizado. A destinação final do lixo pode ser o descarte com sistemas de incineração (fornalha ou fornos de micro-ondas), autoclave, aterros sanitários ou aterros controlados e coprocessamento, e ainda os lixões ou vazadouros a céu aberto. Reciclar, reaproveitar, descartar, incinerar, enterrar, exportar o lixo: cada uma dessas alternativas expõe valores, escolhas, modos de vida. Expõe psiquismos itinerantes. Cada uma dessas possibilidades significa pensar e repensar os caminhos de transformação. Aqui entram finalmente os 3 Rs do lixo, que resumem as três metas da Política Nacional de Resíduos Sólidos no Brasil: redução, reutilização e reciclagem – redução do consumo, reutilização de produtos, reciclagem de materiais. Do ponto de vista do lixo, menos é mais. O lixo é mais alma.

Tudo isso é também muito psicológico. Precisamos enxergar nossos rituais cotidianos de deposição-descarte, coleta-recuperação e reciclagem-reúso também de um ponto de vista psicológico. O que fazemos no mundo é o que fazemos conosco, o que fazemos conosco é o que fazemos no mundo: "a poluição começa nas porções indigestas da nossa história pessoal que soltamos no corpo político"[118].

Reciclar, o mais celebrado desses rituais, significa submeter algo à reciclagem, ou seja, a uma série de processos de mudança ou tratamento para reutilização. Essas metáforas nos interessam: processar para que se possa reutilizar. Uma definição *standard* de reciclagem diz: "São considerados recicláveis aqueles resíduos que constituem interesse de transformação, que têm mercado ou operação que viabiliza sua transformação industrial". Mas reciclar significa, sobretudo, colocar de novo no ciclo, devolver ao ciclo. Pôr de volta, voltar a circular, devolver para a circulação. Não parar. O objetivo é evitar o encaminhamento dos resíduos para o lixo. O lixo é a parada. A parada do lixo é um tipo de morte. Assim, o lixo é o grande nivelador. Tudo junto. Tudo no fim. Tudo é resto. Tudo vira lixo.

O lixo é o destino do destino. Lixo, destino de todos os destinos.

Ganhar não é tudo

Erros, fracassos, falhas, deslizes, perdas, disfunções, malogros, descaminhos, desilusões, derrotas, bancarrotas, falências, quedas, colapsos, traições, descalabros, desajustes, faltas, naufrágios, decepções – e a lista vai longe. Há toda uma linguagem para chamar e imaginar o que não

---

118. Hillman, J. (2005). U*niform edition of the writings of James Hillman: Vol. 3. Senex and puer.* Spring, p. 273.

funciona, o que é um lixo. Deparamo-nos constantemente com ela. Pois não é essa a composição, a compostagem básica do dia a dia de nossos consultórios?

Somos feitos da matéria dos fracassos. E nossos fracassos não nos exoneram, não desistem de nós. São como nossos complexos, permanecendo conosco além do que gostaríamos, formando um lixo que, sem a possibilidade do descarte, devemos reciclar. Os fracassos são como o lixo, inconvenientes. Não sabemos o que fazer com eles, onde colocá-los, como aceitá-los. Então inventamos a ideia de que o fracasso é importante para nosso crescimento ou nosso desenvolvimento, de que o fracasso é importante para se ganhar algo mais lá na frente, a ideia de que precisamos ganhar sempre. Inventamos que eles são a correção da rota rumo à vitória e ao sucesso, maneiras de se aprender lições de vida que nos deixarão mais aptos a chegar aonde queremos. O fracasso gera o sucesso.

Falando sério, fracassar é perder. E ficar na perda é ficar na alma. Senão, mascaramos contrafobicamente o fracasso, sua dor e seu trabalho. Perceber os fracassos é perceber os poderes imaginais que nos alcançam por meio deles. Esta última frase quer dizer que os fracassos revelam fantasias, e fantasias mostram a alma mais profunda. Os fracassos são, portanto, importantes neles mesmos, não como um caminho para outra coisa, porque neles encontramos necessidades e verdades que a razão pura desconhece. Neles, a consciência psicológica emerge. Isso é o mais difícil. Qualquer terapeuta sabe disso.

O fracasso é um tema tão desagradável, tão incômodo (como também são incômodos os sonhos, não?), que, no mais das vezes, preferimos os mal-entendidos, as fofocas, as distorções, as inversões, as hipocrisias, as mentiras, pois quem é que gosta de falar em sobras, restos, entulhos, malogros, frustrações? Só na terapia damos alguma chance aos fracassos, e olhe lá!

Somos feitos da matéria dos fracassos. De novo, para nós, tudo talvez tenha começado com Freud, que primeiro descobriu essa verdade para a psicologia com os lapsos linguísticos, os famosos *slips of the tongue*, o "ato falho", fracasso da linguagem. O ato falho é um fracasso na comunicação que abre a fala da alma. Com Freud começou uma apreciação da arte de fracassar: psicopatologia da vida cotidiana. Em nosso campo, essa apreciação da falha passa por Jung (os experimentos de associação), por Rafael López-Pedraza (a ansiedade cultural) e vai até a tese de James Hillman de que a análise terapêutica vincula-se ao fracasso (ou seja, à fraqueza, à deficiência, ao insucesso, à falta), e a ideia do fracasso atua como um fator psíquico fundamental, rumo aos inferiores, à inferioridade, pois com ele podemos escapar do unilateralismo cego de vitórias, conquistas, desenvolvimento, superioridade e crescimento constantes e excessivos. O "curso errante" da alma foi extensivamente discutido por Hillman[119] em seu magistral *Re-vendo a psicologia*. A alma é o cavaleiro errante, que erra na vida e na Terra. Talvez não tenhamos aprendido o bastante.

Cada ideia, cada fantasia e cada sentimento e ação que temos no mundo define seu próprio sucesso e seu próprio fracasso. Do ponto de vista da alma, essas noções variam. Tudo depende de como imaginamos as coisas, pois, como

---

119. Hillman (2010c). *Op. cit.*

disse Bachelard, se a imaginação funciona, tudo funciona. Na alquimia, por exemplo, que é o modelo da psicologia junguiana mais profunda, tudo nasce do fracasso: *putrefactio* é a primeira operação. Podridão, lixo. Esse é o princípio da obra, princípio como começo e como fundamento, quando algo entra em falência. Para a alquimia, tudo começa no fracasso: *nigredo*, a obra em negro. É uma lição sábia, tirada evidentemente da observação da natureza e de como ela se transforma. Ela se transforma apodrecendo. A obra não começa enquanto algo não fracassa, não se desconstrói. O fracasso já é a obra.

A alma conhece o fracasso intimamente. Como disse Montaigne, a alma é proveitosamente servida pelo erro. Os erros estão a serviço da alma, não o contrário. Ela erra, e não precisa ser corrigida. É ela que nos corrige com seus erros e fracassos. Corrigir não é melhorar. Na vida psicológica, ganhar não é tudo[120].

Precisamos encontrar as ferramentas para irmos mais fundo nesse assunto tão difícil, para continuar, na tradição da psicologia profunda, a apreciar verdadeiramente o que está por baixo, quebrado e inferior, o que é descontínuo em nós, desiludido, desonrado e machucado, fracassado, lixo – a própria matéria da dor da alma.

---

120. Nunca achamos as coisas quando queremos, só se acha quando não se quer. Elas nos acham, não somos nós que as achamos. Um momento de descuido, e quem acha vive se perdendo, também tem essa. Quem acha vive se perdendo, diz o poeta (Noel Rosa), e quem perde... vive se achando? Quando estamos distraídos, nós nos achamos. Distraídos venceremos, diz outro poeta (Paulo Leminski). O que estou buscando também está me buscando, diz ainda outro poeta (Rumi).

Sustentabilidade – pós-escrito

Segundo expressão de Sigmund Freud em um artigo escrito em 1916 e publicado nos primeiros dias de 1917, "Uma dificuldade da psicanálise":

> Isso a psicanálise quis ensinar ao Eu. Mas esses dois esclarecimentos, de que a vida instintual da sexualidade não pode ser inteiramente domada em nós, e de que os processos mentais são inconscientes em si e apenas acessíveis e submetidos ao Eu através de uma percepção incompleta e suspeita, equivalem à afirmação de que o Eu não é senhor em sua própria casa. Juntos eles representam a terceira afronta ao amor-próprio humano, que eu chamaria de psicológica.[121]

São três, segundo Freud, as duras afrontas ao "narcisismo geral, o amor-próprio da humanidade": o golpe cosmológico de Copérnico (a descoberta do modelo heliocêntrico, ou seja, a Terra não é o centro do universo), o golpe biológico de Darwin (a Teoria da Evolução das Espécies, ou seja, o homem descende de um primata e não é um ser especial criado por Deus) e o golpe psicológico, da psicanálise (a soberania da consciência do eu é falsa, ou relativa, a partir da descoberta do inconsciente). Quero sugerir acrescentarmos um quarto: o golpe da sustentabilidade. O advento da consciência da sustentabilidade apresenta o quarto golpe à autoestima da humanidade, a quarta "ferida narcísica". Esse quarto golpe consiste na conscientização de que o mundo, até então visto como enorme e com recursos naturais percebidos como

---

121. Freud, S. (2010). *Obras completas: vol. 14. História de uma neurose infantil ("O homem dos lobos"), Além do princípio do prazer e outros textos (1917-1920)*. Companhia das Letras, p. 186.

inesgotáveis, tornou-se muito pequeno. O mundo natural não é mais tão infinitamente rico quanto se pensava, não há água, ar, alimento, energia ou espaço suficientes para todos, o tempo todo, para sempre. Não há mais "para sempre". A noção de sustentabilidade mostra que o planeta não é interminável, inesgotável. O mundo "encolheu", e agora, além de não sermos mais donos de nossa própria casa, ela é ainda menor do que pensávamos.

Na Alemanha, isso se chama *Umweltangst*, nos países de língua inglesa, medo do meio-ambiente, "distúrbio crônico do estresse ambiental". O golpe da sustentabilidade se traduz num sintoma novo na cultura, a *ansiedade ambiental*, ou ecoansiedade, que é nossa insegurança e nosso medo com relação a agentes poluidores, crise climática, secas e inundações, radiação elétrica e eletrônica, emissões tóxicas e desmatamento, agrotóxicos, escassez hídrica, falta de ar, falta de tempo, ou seja, medo crônico da destruição ambiental. Depressão, fadiga, descontrole emocional e irritabilidade, sintomas que presenciamos em nós e nos outros, podem eventualmente estar ligados à ansiedade ambiental.

Sustentabilidade significa encontrar formas que garantam a prosperidade e a qualidade de vida da humanidade ao mesmo tempo que preservem os recursos naturais do planeta. A palavra foi cunhada pela norueguesa Gro Harlem Brundtland[122]. Trata-se de encontrar uma forma

---

122. Gro Harlem Brundtland (Bærum, 20 de abril de 1939) é uma política, diplomata e médica norueguesa, bem como uma liderança internacional em desenvolvimento sustentável e saúde pública. Foi primeira-ministra da Noruega em vários períodos. Ela desenvolveu o amplo conceito político de desenvolvimento sustentável.

de desenvolvimento que atenda às necessidades do presente sem ameaçar a capacidade do futuro de suprir suas próprias. O sentido moderno do termo foi definido pela Comissão Mundial sobre Meio Ambiente e Desenvolvimento da Organização das Nações Unidas (ONU), em 1987: o desenvolvimento sustentável é aquele que satisfaz as necessidades presentes sem comprometer a capacidade das gerações futuras de suprir suas próprias necessidades, cuida dos ecossistemas no presente para que haja recursos suficientes para sustentar a vida humana no futuro. É o discurso das necessidades. Sustentabilidade é portanto uma jogada *necessária* entre presente e futuro. O passado (por assim dizer, a ancestralidade, a vegetação, as águas, os animais, os invisíveis) não entra nessa lógica. Ela é sempre um vetor que olha para frente. Sustentabilidade está ligada a atitudes que consideram resultados de longo prazo. A ideia de sustentabilidade sustenta-se dentro da fantasia de desenvolvimento. A fantasia de desenvolvimento é sempre uma fantasia espiritual, ascendente. As noções de sustentabilidade estão no centro do terreno econômico e não conseguem ultrapassá-lo.

A sustentabilidade da alma, no entanto, é outra. Uma alma sustentável, ao contrário, olha para trás. Para que haja alma para as gerações futuras, é necessário olhar para a ancestralidade, para as raízes imaginais, para a história e a tradição, para o invisível, para os mortos.

Então teríamos que falar num "decrescimento sustentável", como nas teorias conjuntas da *décroissance* de Serge Latouche e Ivan Illich, "deseconomizando o imaginário", como disse Latouche, convidando o arquétipo do *senex* a nos guiar nesse novo mundo, um mundo mais dele do que de qualquer outro arquétipo, um mundo que envelhece:

Saturno também é chamado o Senhor do Decrescimento. O crescimento *senex* é para dentro e para baixo, ou para trás; sua força pode vir através de encolhimento, seu poder manifestado na última fase dos processos, em sua decadência. Ele governa sobre os destroços, a sujeira e o lixo da sociedade, o que não se deve apenas à analidade sórdida e à repressão, mas também ao fato de o *senex* ter a sua consciência na parte inferior do complexo e, como ele, decai.[123]

Com o *senex*, aprenderíamos a avaliar e sustentar nossa pegada psicológica, o impacto ambiental-psicológico de cada vida, de cada ação.

---

123. Hillman (2005). *Op. cit.*, p. 264.

8
A espreita: apontamentos sobre a psique e o feminino

1. Quero começar com um poema estranho, de um livro difícil, escrito por um poeta brasileiro, Sebastião Uchoa Leite, ganhador do Prêmio Jabuti em 1979, falecido de insuficiência cardíaca em 2003, aos 68 anos de idade. Faço isso em primeiro lugar porque não sei pensar a psicologia sem uma boa dose de poesia e, em segundo, porque o poema, o poeta e o livro já trazem para mim, para este momento, o tema curioso da *espreita*. Pois só posso falar do que desejo falar aqui se o disser "espreitando" o tema deste colóquio, o feminino e a psique (essas enormidades abstratas, quando ditas assim). Portanto, quero me aproximar não com um olhar direto, frontal, corajoso e altivo, mas, em vez disso, com um olhar deliberadamente enviesado, indireto, suspeitoso, desconfiado, mesmo enigmático, como quem olha por trás de cortinas ou da fumaça, alguém que espia através de frestas e vãos na parede dos literalismos e das literalidades, de olho voltado, em vez disso, para a literariedade, a literatura, *poiesis* em vez de *physis*. Essa espreita é também um modo de estar no mundo, um modo talvez bastante afeito à alma, a alma e suas curvas, seus gemidos, seus sussurros, seus caminhos tortos no meu sangue latino. Porque, a bem dizer, quero falar da inferioridade da alma. Assim, vamos inicialmente ao poema. "A obsessão da pantera", que aqui aparece como uma espécie de epígrafe sem jeito, está no livro de Sebastião de que mais gosto, *A espreita*, publicado em 2000. Caminhando lado a lado, o poeta é então o guia natural do terapeuta:

Secreta ordem tende
Para a des-
ordem
Pilhas sobre
a mesa
Esparramam-se
Por cadeiras
Também em ordem
Lâmpadas
Dentro de caixas
A pantera
Salta-me
Da cabeça
A magra
Esfinge
Olha-me da sombra[124]

---

124. Leite, S. U. (2000) *A espreita*. Editora Perspectiva, p. 54.

É a própria alma que espreita nas trevas, sem lirismo, seca. As almas secas são as melhores, disse Heráclito[125]. Alma-pantera-enigma: o percurso do poema. Nossos ouvidos não estão acostumados com essa dicção, elíptica, condensada, difícil, furtiva, que apenas olha, que não narra nem afirma. É pura imagem. Imagem que eu olho e que me olha. Espreitas mútuas. A meu ver, já se assemelha à dicção da alma, própria do mundo imaginal, quase sem narrativa, inapreensível, a não ser no seu dado formal, sensorial, seu dado de imagem. Claro, essa pode ser também a dicção da espreita. A espreita é o espaço da procura. Procura-se a alma. Procura sinuosa, não objetivada, labiríntica. A espreita busca a clareira, busca clarear, um anseio de penetração. A espreita participa das poéticas do olhar, como o voyeurismo ou a mixoscopia (o prazer de olhar a intimidade do outro, incluindo a imaginação pornográfica), a escopofilia (o simples prazer em olhar), o panoptismo (observação total), a telescopia (observação a distância) e, claro, a vigilância. A vigilância, hoje como panoptismo digital, é paradigmática em nossos dias, dias vividos em redes sociais, dias e noites espreitando uns aos outros. A espreita é o espírito de nosso tempo. As câmaras por toda parte, nas ruas, nas esquinas, nas lojas, nos bares, nos elevadores, nos condomínios, nos prédios comerciais. O voyeurismo, com lógica própria, é um caso especial e toca os psicanalistas de forma mais direta. Olhamos para dentro da vida das pessoas, espreitamos suas almas, suas paixões, por um momento hóspedes das intimidades. O que em nós, psicanalistas, está atendendo a esse impulso *voyeur*?

---

125. Heráclito ([2000]. *Op. cit.*, frag. 118): "Alma seca é a mais sábia e melhor".

Das panteras, por sua vez, diga-se, dos grandes gatos, também jaguares e leopardos, já falou James Hillman[126] que trazem escuridão, um mundo mais sinuoso, ardiloso, também menos confrontativo. Um mundo à espreita. Beleza e crueldade: essa é precisamente a pantera de Sebastião, magro enigma. Já a pantera de Borges, negra joia, repetindo um monótono caminho atrás das grades, presa talvez num zoológico, ou na mente, traça, para o poeta que a observa (espreita?), a metáfora do destino. Já que é para termos uma boa dose de poesia, aqui vai:

> Atrás das fortes grades a pantera
> Repetirá o enfadonho itinerário,
> Que é (mas não o sabe) seu fadário
> De negra joia, aziaga e prisioneira.
> [...]
> Em vão é vário o orbe. A jornada
> Que cumpre cada qual já foi fixada.[127]

Noutro poema, "A pantera", de Rainer Maria Rilke, escrito em 1903, que aqui cito na tradução de Augusto de Campos, outra pantera famosa também está enjaulada, dessa vez presa no Jardin des Plantes, em Paris. A metáfora ali, sabemos, é a da liberdade, e a da recusa da modernidade. Por trás das grades, grades que, naquele momento, são símbolos dos avanços tecnológicos e metalúrgicos, a pantera de Rilke, nos versos finais do magnífico poema, também nos entrega um olhar de espreita:

---

126. Hillman, J. (2008). *Uniform edition of the writings of James Hillman: Vol. 9. Animal presences.* Spring, p. 88.

127. Borges, J. L. (2009). *Poesia*. Companhia das Letras, p. 116.

> De vez em quando o fecho da pupila
> se abre em silêncio. Uma imagem, então,
> na tensa paz dos músculos se instila
> para morrer no coração.[128]

Pois bem, a pantera será nossa imagem de fundo a partir daqui.

2. A concepção do feminino como inferior, presente na cultura e na imaginação ocidentais, transcende a questão do gênero e foi examinada como arquetípica há algum tempo num ensaio paradigmático em nosso campo, escrito por James Hillman em 1972, "Sobre a feminilidade psicológica", que está em seu livro *O mito da análise*[129]. As fantasias de inferioridade feminina foram elaboradas pela consciência masculina alinhada a um forte componente que pode ser chamado inequivocamente de apolíneo, pois guarda suas principais características, seu caráter predominante: racionalidade, superioridade, distanciamento. Naquele texto, Hillman percorre toda uma revisão histórica com relação ao feminino como inferior e secundário em nossa cultura, que começa, obviamente, com aquilo a que imediatamente alude à locução, já bastante batida, "primeiro Adão, depois Eva", nexo presente em nosso mito de criação narrado em *Gênesis* 2, atestando a primazia e a superioridade do homem e do masculino sobre a mulher, o feminino e a natureza, homem que já foi feito, ele sim, à semelhança e a partir do deus hebreu. Essa visão

---

128. Rilke, R. M. (2013) *Coisas e anjos de Rilke: 130 poemas traduzidos*. Perspectiva, 2013, p. 23.

129. Hillman, J. (1984). *O mito da análise*. Paz e Terra.

do feminino como inferior em nossa consciência foi desde então reforçada quase que ininterruptamente pela ciência – baseada muitas vezes em argumentos fisiológicos inadequados – e pela teologia, em questões espúrias, presentes já na era cristã, como *habet mulier animan*? Essa epistemologia de caráter monossexual funcionou segundo uma lógica na qual "o corpo feminino estaria representado como uma variação hierarquicamente inferior do masculino"[130].

Na psicologia profunda, esse componente feminino inferior foi identificado unilateralmente com a psique na tradição do pensamento junguiano, tornando portanto uma necessidade incontornável da psicoterapia o caminho que a ela necessariamente levasse percorrendo sobretudo nossas *inferioridades*, ou seja, aquilo que costumamos avaliar como inferior ou como falho: dores, sintomas, inadequações, patologias, fraquezas, sentimentos negativos, infelicidades, fracassos e tudo aquilo que não funciona num mundo superior de hegemônica masculinidade racional, ou seja, memórias, sonhos, fantasias, devaneios, afetos. Com isso, entendemos o trabalho do *feminino na psique*. O feminino, como é entendido e imaginado na cultura ocidental, "inferioriza" a psique. Passamos a nos acostumar a uma clivagem simplista entre masculino e feminino, dividindo assim o hermafrodita psíquico, equacionando esses valores com as disposições conscientes e inconscientes em nós, entendendo como masculina a consciência e o ego, e como feminina a alma, num raciocínio de natureza binária e polarizada que acaba por comandar os desafios e a

---

130. Preciado, P. (2022). *Eu sou o monstro que vos fala: relatório para uma academia de psicanalistas*. Zahar, p. 53.

compreensão da individuação[131]. O feminino molda e dá o tom do psíquico para nós e em nós, como se a própria psique tivesse predominantemente apenas o valor feminino.

No entanto, a equivalência de *anima* exclusivamente com o feminino pode obscurecer nossa percepção da psique profunda. Recorrendo ao trabalho do filósofo Gaston Bachelard sobre o tema, no capítulo "Devaneios sobre o devaneio: *animus-anima*", que está em seu livro *A poética do devaneio*, de 1961, o qual reúne ensaios que, a propósito, lemos com o coração palpitando, minha reflexão, meu palpite deseja problematizar essa concepção e explorar, ao contrário, o que seria o trabalho da *psique no feminino*, apontando afinal para o paradigma transgênero da alma, não dual e horizontal. O próprio andrógino, que está na raiz do pensamento alquímico junguiano, poderia ser melhor entendido como transgênero, como aquele que transita, que vive em transição, que não está estático ou isolado, parado na duplicidade, que não é uma composição, mas flui. A transgeneralidade, tanto no sentido daquele que transita quanto no daquele que transcende, é essa monstruosidade de que fala a alquimia na imagem de seu *Rebis*, a coisa dupla, *monstrum*, imaginação. É uma boa metáfora para a alma metamórfica: ela é mutação e multiplicidade ininterrupta. A psique é essa monstruosidade.

Bachelard fala dos estados femininos da alma e diz que tanto o feminino quanto o masculino trabalham nosso

---

131. "[...] é muito fácil compreender que a imagem primordial do hermafrodita tenha reaparecido na psicologia moderna sob o disfarce da antítese masculino-feminino, em outras palavras, enquanto consciência masculina e inconsciência feminina personificada" (OC 9/1, § 296).

psiquismo. Essa tese só será recuperada pelo pensamento arquetípico de Hillman[132] mais tarde, nos anos 1980: "a *anima*, arquétipo da vida e arquétipo do feminino, influencia o processo psíquico independentemente do sexo, e assim somos libertados desta fantasia masculino-feminina de *anima*". Bachelard[133] chama isso de nossa "dualidade íntima": *animus* e *anima*. "Dois substantivos para uma única alma são necessários a fim de se expressar a realidade do psiquismo humano", completa Bachelard[134]. O feminino engendra em nós elasticidade e eco, acolhimento e dom, receptividade e continência, destino e imaginação – sintomas de feminilidade. Para o filósofo, tem a ver também com devaneio, aprofundamento, descida, mas, veja-se bem, descida sem queda. "Descida sem queda" retira da dinâmica do aprofundamento sua moralidade, onde queda significa não apenas cadência mas decadência, e isso é importante já que queda é um *topos* altamente valorizado no imaginário judaico-cristão, imaginário este que começa exatamente com a queda, e queda numa chave negativa, é verdade, a chave do exílio. Sem moralidade, podemos perceber que tudo o que afunda em nós também se eleva, como bem observa Bachelard[135]: a imaginação vertical faz-nos compreender que "algo em nós se eleva quando alguma ação se aprofunda". Esse é um ponto de vista psicológico, aponta para a profundidade como o destino da

---

132. Hillman, J. (1990). *Anima: anatomia de uma noção personificada*. Cultrix, p. 73.

133. Bachelard, G. (1996). *A poética do devaneio*. Martins Fontes, p. 20.

134. *Ibid.*, p. 58.

135. Bachelard (1990b). *Op. cit.*, p. 109.

alma, seja para o alto ou para o baixo, aquilo que, ecoando a meu ver, no século XX, o Fragmento 45 de Heráclito com sua alusão à profundidade como dimensão da alma, Bachelard chamou, numa expressão ao mesmo tempo feliz e aterradora, de "infinito da descida".

3. A psique entendida como feminina coloca-a num lugar de inferioridade (principalmente em relação às aspirações espirituais), já que o feminino é compreendido como inferior: "da infância em diante identificamos não somente fraqueza e inferioridade com o feminino, *mas também a ambivalência causada pela fraqueza*"[136]. Coloca a psique no mesmo lugar do corpo orgânico, ambos inferiores ao espírito, ambos não confiáveis, ameaçadores, disruptivos. Ao espírito que sobe, sempre sobe, opomos a alma que desce e que, descendo, rebaixa-nos. Podemos entender esse rebaixamento como um aprofundar. Mas, logo veremos, é exatamente aí que podemos perceber que a psique está fazendo sua obra no feminino. É a própria psique que necessita de inferioridade. Dessa maneira, estar na inferioridade é manter contato com a alma.

É a consciência masculina que historicamente declara a psique como inferior. Portanto, talvez seja necessário para a psique, diante de uma consciência masculina, inferiorizar o feminino, pois seu trabalho seria então afirmá-lo na inferioridade. O trabalho da psique, e nosso trabalho com a psique, volta-se para as inferioridades e para o feminino como inferior. Na psicologia profunda, na psicanálise, na psicologia arquetípica tudo começa na inferioridade, nos

---

136. Hillman (2010a). *Op. cit.*, p. 164.

sintomas, lá onde nos sentimos fracos, vulneráveis, doentes, tortos, todos nós fracassados. Nós começamos na inferioridade, seja na teoria, seja na vida. Para adentrarmos em nossos problemas, angústias, dores, descemos, afundamos, subaterramos, baixamos rumo aos inferiores. Veja-se esta afirmação de James Hillman[137]:

> Tendo compreendido que a alma fala com a voz dos *inferiores*, aqueles mantidos abaixo, longe, para trás, como a criança, a mulher, os ancestrais e os mortos, o animal, o fraco e o ferido, o revoltado e o feio, as sombras julgadas e aprisionadas, então será tarefa de qualquer psicoterapia manter-se em contato com esses *inferiores* e ser movida por eles.

Evidentemente, hoje devemos acrescentar a essas representações também a das outras espécies de subalternos em nosso imaginário psicopolítico: os muçulmanos, os judeus, os gays, as lésbicas, as pessoas trans, os periféricos, os migrantes, os refugiados, os pobres, os indígenas, os negros (os Bipoc[138]) e os dissidentes do regime binário heterossexual.

* * *

O feminino pertence à psique, mas será que a psique pertence ao feminino? O que a psique faz ao feminino? Sabemos que oposições e polaridades são parte inerente aos raciocínios da psicologia analítica. A psique

---

137. *Ibid.*, p. 182.

138. Black, indigenous, and people of color – "negros, indígenas e pessoas de cor", em tradução livre [nota do editor].

identificada com o elemento feminino, no pensamento de Jung, não somente permite uma definição de neurose como unilateralidade, como também torna a terapia importante para resgatar e cultivar esse elemento, resgatá-lo de sua inferioridade, sempre na dinâmica das "infinitas oscilações da compensação"[139]. O que possibilitou a Jung enxergar a unilateralidade da consciência e identificá-la com uma definição de neurose é um pensamento binário. Essa definição precisa ser revista. Está numa jaula. A compreensão da neurose como unilateralidade reflete uma visão de mundo binária própria de um estilo de consciência monoteísta. Se escapamos desse estilo, escapamos também da compreensão unilateral. Nesse ponto, bem mais interessante será pensar no *patologizar* politeísta da alma, seu movimento constante de deformação, de acordo com vários estilos, que abre um campo de compreensão mais complexo, diverso e multifacetado. O patologizar patologiza a delicadeza, a sensibilidade, a receptividade, a beleza, as aflições e fantasias, as memórias e reflexões, e tudo aquilo que é alinhado a uma ordem feminina, para mostrar a necessidade de uma mudança de paradigma, ou para a alma aprofundar-se em si mesma, ou ainda para chamar atenção para si mesma. Dessa maneira, desconstruímos nossos heroísmos, nossas masculinidades – *masculinidades*, palavra que, em português, note-se, é curiosamente um vocábulo feminino plural.

Raciocínios binários são sempre limitantes. O oposicionismo em psicologia é bastante controverso, talvez seja

---

139. Hillman (1990). *Op. cit.*, p. 73.

em si uma atitude antialma. Hillman[140], por exemplo, entende o oposicionismo como uma verdadeira "barreira" para adentrarmos no campo psíquico[141]. Ao invés de iluminar, ele na verdade obscurece ainda mais a percepção das diferenças, borrando a diversidade nos fenômenos. O pensamento da psicologia analítica está estruturado em polaridades, em oposições, e a compreensão da alma fica presa nessa estrutura de compreensão polar. Mas, segundo Hillman[142], é o próprio ponto de vista analítico que produz divisões: "A psicologia analítica, enquanto campo estruturado, baseia-se em descrições polares. A vida e o pensamento de Jung utilizam mais a polaridade do que qualquer outra visão psicológica importante. [...] O modelo polar é básico em todas as suas principais idéias psicológicas"[143]. Consciência e inconsciente, regressão e progressão da energia psíquica, introversão e extroversão e as quatro funções psicológicas descritas em pares de opostos, instinto e arquétipo, psique e matéria, *logos* e *eros*, amor e poder, ego e sombra, espírito e natureza, sexualidade e religião, racional e irracional, individual e coletivo e, por fim, a polaridade masculino-feminino são alguns exemplos dos caminhos estruturais do pensamento junguiano. São todos diferentes tipos de jaula.

O pensamento mítico, por sua vez, como nos ensinam mestres tanto do presente quanto do passado, tanto dos

---

140. Hillman, J. (2013b). *O sonho e o mundo das trevas*. Vozes.

141. As outras barreiras são, nesta reflexão, o materialismo e o cristianismo.

142. Hillman (1984). *Op. cit.*, p. 231.

143. Hillman (2005). *Op. cit.*, p. 37.

estudos mitológicos quanto da psicologia, é uma saída, pois abre-nos para outras estruturas de compreensão. É essencialmente não binário. Em vez de somente opor, também contrasta, faz colaborar, coincidir, cindir, juntar, multiplicar, tensionar elementos e figuras, situações e paixões. Admite diversas relações, de diferentes qualidades, entre inúmeros polos. É um pensamento em rede. Oposições são como nossa pantera enjaulada, indo apenas de uma extremidade a outra de um espaço mental fechado, num percurso de um só tom, monótono. Perdemos a polifonia da alma. A alma enjaulada. A pantera presa. Essas categorias são pensadas e vividas dessa forma em parte como consequência do enquadre monoteísta de nosso estilo de consciência. Como categorias também psicológicas, precisam de outro enfoque, para além da jaula de um regime binário.

4. Mas há um outro lado nisso tudo: a devoção. A alma é também uma devoção. A noção de devoção (*devotio*) é complexa e multifacetada, cheia de deuses; nem posso examiná-la nos seus pormenores aqui. Mas devemos, isso sim, escapar de uma compreensão exclusivamente espiritual da devoção para entendermos, e assim vivermos, o chamado da alma, sua devoção, numa chave que seja psicológica. Hillman[144] afirma, logo no prefácio de seu longo estudo sobre a *anima*, de 1986, que a *devotio* à *anima* é o chamado da psicologia, uma observação curiosa: coloca nossa profissão professando uma devoção proferida na inferioridade, um chamado de baixo. Em outro contexto, amplia dizendo:

---

144. Hillman (1990). *Op. cit.*, p. 10.

"Devoção" é uma palavra que evoca imagens de dedicação: mãos unidas em oração, uma mãe que cura um filho doente, um pastor que ordenha às quatro horas da manhã, um escultor segregado entre os detritos de seu estúdio frio. Estas imagens mostram uma condição especial: a concentração sobre o outro. Quer se trate de Deus, do filho, das vacas ou do bloco de mármore, há um foco resoluto, determinado, sobre algo que é outro em relação a mim; um dar-se ao outro. É possível viver sem sermos devotos a alguma coisa? [...] Algo além do desejo e do prazer, além da sensação de culpa, guia nossos dias [...] algo nos impele a nos comprometermos, a nos colocarmos a serviço, a nos cuidarmos.[145]

Pois bem, um exemplo de devoção é o jardim. Menciono o jardim porque é minha metáfora predileta para a psique, e com ela quero terminar. O jardim é natureza que já deixou de ser natureza, é natureza imaginada. É natureza atravessada pela cultura. É artefato. Para a palavra "natureza" existem mais de 50 definições. A discussão se a psique é ou não natureza é longa, difícil e complexa, e também não pertence à reflexão que aqui se faz. Sabemos que Jung muitas vezes entende que psique é natureza. Prefiro alinhar-me à visão da psicologia arquetípica que pensa a psique como *imaginação*, afinal, imaginação é realidade, realidade é imaginação. Pois seja o jardim um exemplo disso. Permitam-me lembrar aqui alguns trechos de outro ensaio de Hillman, que elabora melhor essas ideias, "Do espelho para a janela: curando a psicanálise de seu narcisismo", publicado em 1989:

---

145. Hillman, J. (2003). Sulla devozione. In Revista Anima, *"Figure della devozione", a cura di Francesco Donfrancesco*. Moretti & Vitali, p. 35-48.

> Insisto que o jardim não é natural; nem a psique é natural. O jardim foi desenhado e é cultivado para manter uma artificialidade que imita a natureza. [...] Como a alquimia, o jardim é um trabalho de intensa cultura. [...] Já que o jardim é artificial, como o alquimista era chamado de *artifex*, todas as concepções de alma devem ser despidas de falácias naturalistas. [...] o jardim como metáfora expressa alguns dos anseios mais profundos pelo mundo como lar da alma[146].

Tão profundos são igualmente os anseios da alma como lar do mundo, o mundo na alma.

Derek Jarman, o genial cineasta, escritor, pintor e cenógrafo inglês, falecido em 1994, criou e cultivou, nos últimos anos de sua vida, um jardim em sua propriedade em Kent, na Inglaterra, o Prospect Cottage, num dos ambientes mais hostis, sombrios e desolados de praia de cascalhos, vento e neve, ao lado da estação nuclear de Dungeness. Com o olhar do pintor, com a sensibilidade para a imagem, lá ele fez nascer uma joia de difícil percepção. Esse jardim junta em sua composição, além de uma variedade de arbustos, espécies florais e hortaliças, também esculturas feitas de pedras, velhas ferramentas enferrujadas, metais e ferragens desgastadas, troncos retorcidos e conchas, dispostos num plano geométrico complexo e inesperado, criado por ele. A composição é surpreendente até mesmo para jardineiros mais radicais. É muito diferente do jardim de Monet em Giverny, por exemplo, outro jardim de artista. Ali, o mundo é lugar da alma.

---

146. Hillman, J. (1989b). From mirror to window: curing psychoanalysis of its narcissism. *Spring 49*, p. 62-76.

"No começo, as pessoas pensavam que eu estava construindo um jardim com propósitos mágicos – um mago branco que queria atacar a estação nuclear. Tinha sua magia – a magia da surpresa, da caça ao tesouro"[147]. Libertar a pantera de sua cabeça. Sair da jaula.

"O paraíso", disse Jarman[148], "assombra os jardins". Em nossa tradição ocidental, o paraíso terrestre, Éden, é imaginado como um jardim circunfechado, que ecoará também na imagem do *hortus conclusus* alquímico, um jardim ideal de delícias, plantado por Deus para a feliz habitação de Adão e Eva, essas duas potências da alma – *animus* e *anima*, o intelecto e a razão (*nous*), por um lado, e a sensação e o devaneio (*aisthesis*), por outro. Mas a palavra *éden*, traduzida para o grego como *paradeisos*, também foi traduzida do texto hebraico por *voluptas*, ou seja, delícia. Sim, o paraíso assombra os jardins, e com o paraíso, faltou dizer, a delícia e o prazer. Derek fez de seu jardim um trabalho de alma. Nele, libertou sua pantera, nascida para estar viva (*born to be alive*). Esse jardim confirma para mim, mais uma vez, a metáfora da alma. Menciono aqui o jardim de Derek Jarman porque ele é uma imagem extraordinária, uma experiência estética singular, construída a partir de uma história incomum, de extremos, e ilustra para mim o trabalho da psique no feminino. Derek comprou seu *cottage* em maio de 1987, quando estava filmando com Tilda Swinton na região e vislumbrou uma placa de venda na janela. Em dezembro daquele ano, ele foi diagnosticado como soropositivo para HIV. "Os cascalhos

---

147. Derek, J. (1995). *Jarman's Garden*. Thames and Hudson, p. 47.
148. *Ibid.*, p. 40.

não excluem um jardim", escreveu em seu diário. Os vírus não excluem a vida. Sem medo da morte possível dentro dele, ou na frente de sua casa na estação nuclear, Derek cultivou seu jardim, cultivou sua alma, que foi florescendo magicamente contra os ventos cortantes e a atmosfera desértica e inóspita de solidão e silêncio de Dungeness, enquanto ele, o pintor de jardins, lutava contra a doença e, lentamente, desaparecia, magra esfinge, pantera enfrentando seu destino.

O jardim de Derek é uma prova de que, na verdade, a psique trabalha o feminino tirando o feminino da inferioridade. Trabalhar a inferioridade é uma *psiquezação* do feminino. No seu jardim, toda inferioridade é elevada esteticamente. Leva-nos a uma mudança de nível. Alça-nos ao nível do sublime.

9
Tudo é sempre agora: a psicologia do instante

> *O que pousa sobre a alma*
> *é o pássaro do Tempo.*
> *E só ele nos transforma.*
> —Neide Archanjo

para meu amigo Fernando Sarmento

1. *Com o passar do tempo, apresenta-se para nós a impressão da duração.* No curso que realizou no Collège de France entre 1901 e 1902, que está registrado no livro *A ideia de tempo*, Henri Bergson[149], o filósofo francês do tempo, diz a seus alunos que "a duração é nosso próprio eu transcorrendo. É nossa vida psicológica, nosso interior". Mas a que vida psicológica está se referindo Bergson? Sim, duramos, o eu dura, é durável. Mas o que é a duração na experiência do eu? Bergson[150] diz mais, diz que "a duração existe em relação à nossa consciência". A duração é o tempo experimentado por meio do ego. Ora, a definição de consciência é então sua durabilidade, e é consciente aquilo que é ri-

---

149. Bergson, H. (2022). *A ideia de tempo: curso no Collège de France (1901-1902).* Editora Unesp, p. 64.

150. *Ibid.*, p. 65.

gorosamente contínuo. Todo ego é um estilo de continuidade. Bergson está examinando o tempo como sucessão. Para ele, o tempo é "um acúmulo, um crescimento, uma *duração*"[151]. Examinemos agora essa durabilidade atrelada ao tempo em nossas experiências psicológicas. Com ele, com o primeiro de dois filósofos franceses, começamos.

Embora não seja desse tempo que quero falar, é preciso, a princípio, situá-lo, emoldurá-lo, o que já é falar numa retórica espacial, não temporal. Mas espaço e tempo entrelaçam-se, e é o próprio Bergson[152] que nos ensina que, "quando falamos ordinariamente do tempo, é o espaço que percebemos; na verdade, um espaço no qual introduzimos tudo o que é necessário para que, na prática, ele não seja contrário à essência do tempo real, um espaço em que introduzimos o movimento, um espaço em movimento, poderíamos dizer". O espaço em movimento, eis o Tempo. O tempo é, nesse sentido, o planeta em rotação, movimento do espaço. Vivemos tanto entre relógios, cronômetros, agendamentos, calendários quanto na companhia de ângulos, linhas retas, metros quadrados, curvas, pontos cardeais, linhas divisórias, fronteiras, limites, continentes. Precisamos deles, Tempo & Espaço. Existir é existir no espaço-tempo. Desse ponto de vista, assim como o Espaço é uma série de lugares, o Tempo é uma série de momentos. E assim como o tempo de um ano não é o retorno ao mesmo ponto astronômico mas a passagem das estações, o espaço não são as coordenadas onde estamos presos, mas a passagem das paisagens.

---

151. Durant, W. (2000). *A história da filosofia*. Nova Cultural, p. 413.
152. Bergson (2022). *Op. cit.*, p. 113.

É certo que nossa experiência do tempo nos chega por meio de múltiplas percepções determinadas arquetipicamente. O Tempo tem muitos deuses. O Tempo é politeísta. Nele há Cronos, Kairós, Aion (o deus das eras, das décadas e dos milênios), Oceano, Niké, Fortuna, Ifá, Orunmilá, Quespisiquis (Khonsu, o cronógrafo egípcio), Kali, Indra, Pariacaca (andino), Ilyapa (inca), Bunyoro, Hadad (fenício), Raijin e também as pessoas míticas das Horas. Há o tempo linear, irreversível. O cíclico, do eterno retorno. O circular, urobórico. O sagrado, o profano. *In illo tempore*, dizemos de um tempo mítico, original. *Illud tempus*, um tempo ou existência extratemporal da criação, de que fala Mircea Eliade, algo como um não tempo. Tempo contínuo e descontínuo, finito e infinito, comum e particular, sucessão e simultaneidade. Duração, instante. O tempo não é homogêneo. Cada hora é independente da outra, traz seu próprio sentimento e sentido, sua beleza ou seu terror, o que nos faz escapar da duração, pois duração supõe um sequenciamento. Cada hora é perfeita em si mesma, pode ser sentida naquilo que apresenta e realiza-se a si mesma independentemente da continuidade. Os gregos compreendiam isso com profundidade a partir das figuras das Hôrai, que a princípio representavam o ano ou as estações, apontando para um tempo cíclico, mas que depois passaram a personificar as horas do dia. São qualidades temporais e "referem-se a distintos momentos psíquicos: no desjejum, quando acabou a escola, depois do programa noturno na TV"[153]. Cada hora tem sua alma, seu espírito, seu *animus* e sua *anima*, o dia, a noite, e podemos dormir em *animus*, junto às preocupações, ou dormir em *anima*, junto aos devaneios. Elas, as horas, são entendidas por es-

---

153. Hillman (2013b). *Op. cit.*, p. 226.

ses antigos helenos como guardiãs da ordem natural das coisas e dos ciclos vegetativos e costumam ser representadas como dançarinas. Sim, a passagem das horas pode ser sentida como um balé, no qual estamos a dançar, a vida como um convite à dança, ao movimento ritmado. Também Gaston Bachelard nos fala dos ritmos de toda a vida terrestre, a dança dos tempos, o Tempo dança. Bachelard encontra ainda outros deuses. Ele está contando o tempo: para o animal, a vida é cotidiana, dá-se por dias; para o vegetal, é anual; e para o mineral, a vida conta-se por séculos, por milênios[154]. Bachelard estuda a terra, a terra o leva ao tempo. Tempo da Terra. Uma das preocupações científicas a que se refere Adolf Portmann[155], o biólogo suíço que contribuiu por tantos anos nos Encontros de Eranos, é a idade da Terra, o tempo geológico, que já variou, de acordo com diferentes fantasias arquetípicas de origem, dos seis mil anos bíblicos até, por exemplo, um milhão e 900 mil anos, quando então teriam se formado os mais antigos minerais datáveis. Se essa é a preocupação dos começos, das origens, outra fantasia arquetípica é a do fim dos tempos. O fim do tempo balança a ideia de um tempo primordial, é sua outra ponta. Parecemos precisar desses balanços. Para uma fantasia cronológica, que imagina terminá-lo, o fim do tempo pode significar o engolimento do próprio Cronos, o engolidor engolido, uma maneira de escapar do tempo. Um engolimento às avessas. A escatologia é uma defesa contrafóbica ao tempo, uma resposta ao tempo.

---

154. Bachelard (1991). *Op. cit.*, p. 192-193.

155. Portmann, A. (1983). Time in the life of the organism. In J. Campbell (ed.), *Man and time: papers from the Eranos yearbooks* (p. 308-323). Princeton University

Mas o tempo, como nós o sentimos e experimentamos é, claramente para nós da psicologia, coisa do *senex*, Saturno. "Compreender o *senex* e seu trabalho em nossas vidas é ver a forma como nossas vidas se organizam. [...] Nossa relação com o relógio, com o calendário e com os anos que passam mostra Saturno"[156]. É ele então quem comanda, e entendemos nossas vidas como uma realização no tempo. Para entendermos ainda melhor o engolimento por Cronos, para sentirmos seu peso plúmbeo, sua mandíbula seca, basta um pequeno trecho de um fragmento de Anacreonte, poeta lírico grego do século VI a.C., autor de pequenos poemas conviviais, que aqui cito na tradução de Trajano Vieira:

> O grisalho nas têmporas avulta,
> a cabeça branqueia,
> nada restou do charme que há nos moços;
> dentes senis,
> Cronos reduz ao mínimo o dulçor da vida.
> [...]
> Atroz é a senda que declina
> e quem desceu – ninguém duvide –
> não há de alguma vez subir.[157]

Que horror! Hilda Hilst, nossa caríssima poeta da alma, da alma íntima, também mantinha, na entrada de sua casa, a chácara Casa do Sol, perto de Campinas, onde escreveu a maior parte de sua obra literária, uma preocupação incontornável com o tempo: um relógio na parede, de ponteiros quebrados, revelava a frase "É mais tarde do que supões". Trata-se de um verso que está num

---

156. Hillman (2005). *Op. cit.*, p. 255.

157. Vieira, T. (2019). *Lírica hoje*. Perspectiva, p. 67.

poema de seu livro *Cantares de perda e predileção*, de 1983, sua meditação sobre o tempo:

> Lembra-te do anônimo da Terra
> Que meditando a sós com seus botões
> Gravou no relógio das quimeras:
> "É mais tarde do que supões".[158]

    Assim, o Tempo é o deus a quem fazemos os maiores e mais frequentes sacrifícios. Certamente há outros, e outras, na minha opinião tão importantes hoje quanto o Tempo: a Comunicação, o Marketing, o Lucro, a Tecnologia, a Burocracia, a Saúde, por exemplo. Essa ideia do poder central do Tempo governando-nos como uma divindade é defendida por James Hillman[159], que nos diz, numa importante reflexão sobre futuro e futurologia, que "o Tempo, em nosso tempo, nos pegou a todos. Parece o mais real, o mais exigente de todos os deuses. [...] O Tempo é nosso Deus, ao menos em seu comando imediato sobre nossas vidas reais. Deus não nos diz a hora de levantar de manhã ou quando devemos jantar, mas o Tempo diz". Pressa, ansiedade, procrastinação, pontualidade, atraso, compromisso, espera, insônia, defasagem, retardação, aceleração e relaxamento são os eventos que traduzem para nós o Tempo, maneiras comuns em que ele incide em nossas vidas, como lida conosco. Outra, claro, é o envelhecimento, a senda atroz que declina. São anacronismos intempestivos, diria Nietzsche. É possível odiar o tempo, mas não podemos fugir dele. E nos orgulhamos,

---

158. Hilst, H. (1983). *Cantares de perda e predileção*. Massao Ohno, p. XLIV.

159. Hillman (2016). *Op. cit.*, p. 375, 393.

secretamente, de agendas lotadas, de não termos tempo para nada, de compromissos intermináveis, de correr contra o tempo de um trabalho para outro, de uma reunião para outra, confundindo isso tudo com uma ideia de sucesso. *Burnout*. Nossa paixão quase obsessiva pelo novo, nosso rechaço do que é velho, ultrapassado no tempo. Já passa da hora, a hora é agora. Sem tempo a perder. É tarde demais. Pensamos que isso tudo está no ego, e então o culpamos e tratamos dele nesses "sintomas", coisas do *puer*, dizemos muitas vezes, aquele que não tem responsabilidade, seriedade, perseverança e compromisso com as ligações temporais desse mundo. Aquele que não está no tempo. Mas isso tudo, na verdade, pode vir da alma, como a forma que o tempo tem de se apresentar para ela, que não o conhece. Perder o compromisso, perder o ano, perder o bonde, perder a oportunidade talvez já seja o tempo nos ensinando sobre a alma, ensinando-nos o valor, para alma, de perder tempo. Ganhar não é tudo. Perder tempo pode significar pausar e ponderar. Ou agravar, retardar, aprofundar nossas condições. Coisas de Saturno.

O próprio Tempo é hoje nosso Deus mais adorado. O umbigo do mundo, o *ônfalo* da civilização ocidental, onde se cruzam todas as culturas, todas as gentes, lembre-se, fica bem ali onde Joseph Campbell uma vez disse que está o mito, não nos livros de mitologia, mas na esquina da Rua 42 com a Broadway, um lugar conhecido como Times Square, em Nova York, algo como a "Praça do Tempo".

Na terapia, temos nossa própria versão do tempo. Somos profundamente cronológicos. Anos de detalhado aprofundamento analítico, cuidadoso e lento, um ato de resistência à pressa. A alma requer tempo. Estabelecemos que nossa "hora" dura 50 minutos. Há outras profissões que trabalham no tempo, ou com o tempo, e que obedecem a seus tempos próprios: a escala, o turno, o plantão, a jornada, como para enfermeiros, médicos, jornalistas, aviadores. Mas nós "inventamos" um tempo. Para onde vão esses 10 minutos que completariam a hora física? Eles estão perdidos? Quem os ganha? Ganhar por hora é outro aspecto de nossa profissão, como é também, diga-se, dos profissionais do sexo. Mas devem os analistas, por isso mesmo, fixar seu olhar sobre o tempo? Sobre o seu tempo? Ou trabalhamos para além do tempo? Como aconteceu com Jung, devemos olhar para o espírito das profundezas ou para o espírito do tempo?

2. *Com o passar do tempo, vamos nos dando conta de que vivemos sempre num instante.* Vivemos do instante. No instante, espaço e tempo se unem, ou se dissolvem, como se unem ou se dissolvem eu e o outro, eu e o mundo. Vamos então a esse "ser completo" que é o instante, no encalço de encontrarmos sua psicologia, de mãos dadas agora com nosso segundo filósofo francês, Gaston Bachelard.

Mas antes disso, antes de falar do instante, quero citar, se me permitem, Clarice Lispector, num pequeno trecho de *Água viva*, seu livro de 1978, colocado aqui como uma epígrafe fora de lugar, fora de hora, mas, quem sabe, no tempo certo:

> Meu tema é o instante? meu tema de vida. Procuro estar a par dele, divido-me milhares de vezes em tantas vezes quanto os instantes que decorrem, fragmentária que sou e precários os momentos.[160]

---

160. Lispector, C. (1978). *Água viva*. Nova Fronteira, p. 10.

Para começar nosso mergulho para dentro do instante, lembremos brevemente de Santo Agostinho, no Livro XI das *Confissões*, chamado "O homem e o tempo" (XI.13), muito conhecido, que já nos ajuda na distinção entre duração e instante, o tempo do mundo e o tempo do espírito (ou da alma):

> O Passado não é, pois é o tempo que se afasta de nós, é tudo que já não é mais palpável, simplesmente porque já se foi.
>
> O Presente é o "agora", mas se permanecesse sempre presente e não se tornasse passado, não seria mais tempo, e sim eternidade. Então se o presente precisa se tornar passado para ser tempo, ele não é, porque o que é não deixa de ser.
>
> O Futuro também não é, já que ainda não existe, e quando existir deixará de ser futuro e passará a ser presente, que tão logo já será passado.

Nesse momento de suas *Confissões*, Agostinho é menos metafísico, não quer saber o que o tempo é em si mesmo, não estuda o tempo ontologicamente, mas escreve como um psicólogo, deseja compreender o problema do tempo como nós o apreendemos na consciência, o sentimento do tempo. Sem passado, sem presente, sem futuro, o que resta? Podemos compreender que Agostinho está preocupado com o tempo da alma, que para nós só se resolverá com a consideração do instante.

Em 1935, Gaston Bachelard[161] publica um livro pequeno e extraordinário, *A intuição do instante*, onde confronta

---

161. Bachelard, G. (2010). *A intuição do instante*. Verus.

Bergson e sua filosofia sucessiva do tempo como duração, apresentando a descontinuidade do tempo, entendendo o instante como o elemento temporal primordial, desfazendo o dogma da duração. Partimos de algumas de suas observações iniciais, que nos entregam, a seu modo, uma *filosofia do instante*:

> O tempo só tem uma realidade, a do Instante.
> O tempo é uma realidade encerrada no instante e suspensa entre dois nadas.
> O instante presente é o único domínio no qual se vivencia a realidade.
> O instante é o caráter verdadeiramente específico do tempo.
> O tempo só se observa pelos instantes.
> Só se sai de um instante para reencontrar outro.[162]

Viver o tempo no instante é diferente de contá-lo por horas, minutos, segundos, milésimos de segundos – os minimalismos do tempo, sempre descartáveis, como num jogo de paciência reduzido a números literais e cegos. A imaginação matemática apenas a princípio parece afinar-se com o tempo. Bachelard[163] fala do instante como "uma espécie de átomo temporal". Pensamos estar na física, pois contar refere-se ao espaço, como quando estamos diante de milímetros, centímetros, metros e quilômetros, quadrados e cúbicos, mas estamos na aritmética, uma disciplina mística. Entretanto, a sensação atômica com relação ao instante origina-se e tem sua volta na alma, não vem do ego e suas contagens, que conta de forma mais racional e concreta o tempo. O conta-gotas do tempo é um instru-

---

162. *Ibid.*, p. 15, 16, 24, 34, 49.

163. *Ibid.*, p. 28.

mento do ego e para o ego: a clepsidra, o gnômon, a ampulheta; o zodíaco, as órbitas; depois, o pêndulo, o metrônomo, o relógio, o calendário, a agenda, o horário, e por aí vamos nos perdendo na ilusão de nos acharmos, porque, afinal, quem acha, vive se perdendo. Falamos até de um relógio biológico e no tique-taque do coração, o compasso entre alegria e dor, e tudo aquilo que bate bem[164]. O ritmo circadiano. É o tempo cronológico, e Cronos foi concebido como o doador das medidas, dos sistemas científicos de medições. Pensamos estar na psicologia. Já estamos na psicologia, e é hora de fazer psicologia. À concepção cronológica do tempo na mente corresponde a fantasia desenvolvimentista da alma na psicologia.

A filosofia do instante vai dando lugar a uma *psicologia do instante*. O instante sempre se esgota. É um esgotamento. É o retrato da solidão: "O tempo se apresenta como o instante solitário, como a consciência de uma solidão", diz-nos Bachelard[165]. O tempo é a ostra, o instante é a pérola. A ostra já é um ser solitário. A pérola é o esgotamento da ostra, sua solidão.

---

164. Lembre-se da canção "O tic-tac do meu coração," um samba escrito por Alcyr Pires Vermelho e Walfrido Silva e gravado por Carmen Miranda em 7 de agosto de 1935:

"O tic-tic, o tic-tac do meu coração
Marca o compasso do meu grande amor
Na alegria bate muito forte
E na tristeza bate fraco porque sente dor
O tic-tic, o tic-tac do meu coração
Marca o compasso de um atroz viver
É o relógio de uma existência
E pouco a pouco vai morrendo de tanto sofrer."

165. Bachelard (2010). *Op. cit.*, p. 16

Por um lado, o instante, momento que cinde para nós o passado e o futuro, é o elemento mais incompreensível e vazio diante de nós, já que tanto passado quanto futuro estão repletos de projeções arquetípicas – o que foi, o que poderia ter sido, o que será, o que desejamos que seja, tempos verbais condicionados. Por outro lado, passado e futuro também não são nada: "O passado é tão vazio quanto o futuro. O futuro está tão morto quanto o passado"[166]. Esses tempos apenas nos entregam a psicodinâmica da lembrança e a psicodinâmica da espera. Nesse ponto, forças arquetípicas planejam nossa queda e nossa ascensão. O instante não. É novo, sempre novo. É um começo. Estamos sempre começando, e não entendemos essa mágica dos começos, essa eterna metamorfose, o intangível agora. *Fresh beginnings*, diria Eliot[167]:

> Porque o padrão é novo para cada momento,
> E cada momento é nova e escandalosa
> Avaliação de tudo que fomos.

Sobre a duração e o instante, aliás, T. S. Eliot escreveu versos inesquecíveis, que neste momento gostaria de lembrar. Bem, é bastante conhecida a metáfora heraclitiana que diz que não se pode entrar duas vezes no mesmo rio. Ou seja, tudo se encontra em estado fluente. Os fragmentos de Heráclito mostram a importância dessa questão do tempo para a mente grega. Nenhuma outra foi tão enigmática e relevante para eles, podemos argumentar. Essa imagem do rio, do tempo (e mesmo da vida e da consciência) como um rio ou como um fluxo integram o úl-

---

166. *Ibid.*, p. 49.
167. Eliot, T. S. (2018). *Poemas*. Companhia das Letras, v. 88-90.

timo grande poema de Eliot, os *Quatro quartetos*, ali em contraste com o mar, numa das mais belas passagens dessa grande meditação sobre o tempo, que lhe rendeu, lembre-se, o Prêmio Nobel de Literatura em 1948. Aparecem no primeiro movimento de "The Dry Salvages", a que já dediquei uma singela reflexão em outra oportunidade[168] e que cito aqui um verso na tradução de Ivan Junqueira:

> O rio flui dentro de nós, o mar nos cerca por todos os lados.[169]

O rio e o mar: duas metáforas para a apreensão do tempo, muito conhecidas da filosofia, aqui num tratamento rítmico e simbólico de insuperável contundência lírica. O rio dentro de nós, o mar à nossa volta: imagens que nos jogam para dentro do contraste entre o tempo sentido como pessoal, o tempo biográfico de nossas vidas, com sua noção de fluxo, de encadeamento de eventos, de duração, tempo da instância do ego que sente linearmente a cadeia dos acontecimentos. E o tempo coletivo, impessoal na sua dimensão mais ampla, aquele que nos circunda e dentro do qual estamos inseridos, um tempo que começou antes de nós e que se espalha para além de nós, horizontalmente – um tempo que, no limite, nos lança para além da história, quando a alma pessoal não se diferencia mais da alma do mundo. Somos levados pelo poeta à consciência desse tempo, não através dos sentidos, mas, vejam, através da *imaginação*. "O mar nos cerca por todos os lados"

---

168. Barcellos, G. (2012). *Psique e imagem: estudos de psicologia arquetípica*. Vozes.

169. "Quatro Quartetos: The Dry Salvages", Eliot (2004). *Op. cit.*, v. 15, p. 359

indica uma concepção do tempo mais sofisticada psicologicamente. O tempo, na perspectiva que Eliot assume em seus *Quartetos*, torna-se um processo interior da consciência, absolutamente subjetivizado, um eterno devir que apontaria, em última instância, para além do tempo – os "momentos sem tempo", que tornam o *antes* e o *depois* no *aqui* e *agora*, o eternamente presente, o instante. O tempo presente, que a tudo contém, é uma experiência na alma e para a alma – é com ela que sentimos esse eterno instante, esse tempo que Bachelard[170] chama de vertical, "para distingui-lo de um tempo comum que foge horizontalmente como a água do rio, com o vento que passa". O tempo sucessivo é o tempo horizontal (cronológico), que escorre, prosaico. O instante é o tempo vertical (psicológico), que jorra, poético, assim como indica Bachelard[171] num pequeno ensaio de 1939, "Instante poético e instante metafísico": no instante, "de repente toda a horizontalidade plana se desfaz. O tempo já não corre. Ele jorra".

Agora, para uma demonstração muito especial de um profundo sentimento do tempo, este que se dá por manhãs, tardes e noites, primaveras e verões, vésperas e amanhãs, nascimentos e mortes, que se dá na "passagem das horas" (como diria um certo Pessoa), pela força de Saturno, antes e depois, ouçamos nosso Carlos Drummond de Andrade, nos versos do poema "Tarde de maio", que está em seu livro *Claro enigma*, publicado em 1951, onde o instante irrompe de forma surpreendente:

---

170. Bachelard (2010). *Op. cit.*, p. 94.

171. *Ibid.*, p. 96.

> Como esses primitivos que carregam por toda a parte
> o maxilar inferior de seus mortos,
> assim te levo comigo, tarde de maio...
> [...]
>
> ...sinal de derrota que se vai consumindo a ponto de
> converter-se em sinal de beleza no rosto de alguém
> que, precisamente, volve o rosto, e passa...[172]

Ah, esta tarde de maio, no meio do tempo, aqui agora, e nunca. Eu não conheço, em língua portuguesa, nada igual à força dessas palavras em sua evocação simultânea, por um lado, do que entardece, do que amadurece e finda, da gravidade, da duração e, por outro, do instante, do momento, da fulguração da brevidade, isso tudo na mesma imagem. Drummond, poderíamos dizer, é um filho de Saturno. Sabe mostrar, porque o conhece bem, o tempo melancólico, profundo, severo, momentoso, austero, ponderoso, reflexivo, seco. Mas o que sempre mais me encantou nesse poema, do qual citei apenas alguns versos, é que ele não perde o *kairós*, o instante, atento ao rosto que passa, fugidio, assustador em sua beleza, a própria face imediata do tempo, o instante, tempo que é agora um deus com um rosto.

Se me permitem mais poesia, no lugar da psicologia, é Vinicius de Moraes, no entanto, num estranho soneto escrito em 1950 na cidade de Nova York, "Poética", quem de fato vira do avesso as noções de tempo e espaço, mostrando a irrealidade de ambos – Vinicius, o poeta que inventou um país que naquele momento mostrava toda uma nova bossa, país do qual não nos lembramos mais, exceto por suas ruínas:

---

172. Andrade (1955). *Op. cit.*, p. 441.

De manhã escureço
De dia tardo
De tarde anoiteço
De noite ardo.

[...]

Eu morro ontem

Nasço amanhã
Ando onde há espaço:
– Meu tempo é quando.[173]

Vinicius desmancha, abre, rasga, enlouquece a questão do tempo. Tempo que nasce continuamente, como uma fonte. Abre dessa maneira a possibilidade de percebermos o instante. O poeta é então o guia natural do terapeuta.

3. *Com o passar do tempo morreremos.* Dizer isso é um chavão, uma chave que não abre nada. Mas nos coloca no tempo, e ele nos devora. Ao vivermos o instante, no entanto, somos nós que o devoramos.

Em 1976, James Hillman apresentou em Eranos uma palestra cujo título, muito sugestivo, "Tipologias igualitárias *versus* a percepção do singular", depois publicada em separado num pequeno livro que saiu em 1987 pela Spring Publications, iniciava uma investigação sobre tipologias, a de Jung inclusive, e discutia a fantasia científica que apreende a realidade por meio de tipos e da classificação de pessoas. Hillman, ao contrário, falava-nos de pessoas como imagens e, penso eu, da "instantaneidade"

---

173. Moraes (1974). *Op. cit.*, p. 179.

da imagem. Via os tipos como um modo especial de imaginar diferenças, não de agrupar semelhanças, relativizando assim posições psicológicas. A generalização tipológica dá lugar à percepção do que é único. Vejam este trecho significativo:

> Esse é o modo próprio que Jung sugeriu para a compreensão dos sonhos – não como uma sequência no tempo, mas como algo girando um complexo nodal. Se é assim com os sonhos, então por que não com os sonhadores? Nós também não somos apenas uma sequência no tempo, um processo de individuação. Somos cada um de nós também uma imagem de individualidade. Todos nós giramos num vórtice, e cada movimento nesse vórtice, nesse complexo, abre outro *insight* perceptivo, revela outra face de nossa imagem.[174]

Cada momento desses a que Hillman se refere é, na verdade, um instante. Agora, gostaria de mostrar este trecho de seu livro *O código do ser*, que esclarece ainda mais esse raciocínio:

> Pois essa é a natureza de uma imagem. Está tudo lá de uma só vez. Quando você olha para uma face diante de você, uma cena para fora da janela ou um quadro na parede, você vê toda uma *gestalt*. Todas as partes apresentam-se simultaneamente. Um pedaço não causa o outro ou o precede no tempo. Não importa se o pintor pôs as manchas vermelhas por último ou no começo, as listras cinzas como algo que lhe ocorreu depois ou como a estrutura original, ou se são linhas que sobraram de uma imagem anterior naquele pedaço da tela: o que você vê é exatamente o que você tem, tudo ao

---

174. Hillman, J. (2019). *Uniform edition of the writings of James Hillman: Vol. 4. From types to images*. Spring, p. 64.

mesmo tempo. A face também; seu aspecto e suas características formam uma única expressão, uma imagem singular, dada de uma só vez.[175]

É muito fácil entender que seu envolvimento com tipologia teve a ver mais com diferenciar semelhanças do que agrupar parecenças. Classificar pessoas, tipificar situações, generalizar em rótulos, diagnósticos, signos, temperamentos, temperaturas, tudo isso tem dois lados e, de um certo ponto de vista, parece pouco psicológico. O que importa no livro de Hillman, quando lemos e apreciamos profundamente o que ele tem a dizer, é o que ele mostra e sugere como aquilo que deveria ser o principal foco de toda psicologia e de toda psicoterapia: a percepção da diferença, daquilo que é único. A pergunta da terapia será: "Como perceber o fenômeno humano diante de nós em sua singularidade não interpretável?"[176]. A tarefa mais importante de qualquer psicologia é perceber a singularidade. Pois sugiro que uma sensibilidade para o instante pode nos ensinar a percepção do singular. A psicologia arquetípica professa essa percepção com sua teoria da imagem, com seu trabalho focado na imagem, no dizer não narrativo da imagem. A psicologia do instante é a psicologia da singularidade. Estou misturando a apreciação do instante com a apreciação da imagem para dizer que a imagem é instantânea, que é mais no instante, e não tanto na duração, que percebemos a singularidade de dada coisa, sua individuação.

---

175. Hillman, J. (1996). *The soul's code*. Random House, p. 7.
176. Hillman (2019). *Op. cit.*, UE 4, p. 40.

A imagem é instantânea, só percebemos a imagem no instante. Só imaginamos instantaneamente: "A imagem não tem um antes e um depois"[177]. Somos ambos sucessivos e instantâneos, narrativa e imagem. Mas para percebermos a singularidade de cada evento e de cada pessoa mais profundamente, precisamos abandonar a narrativa, entregarmo-nos ao instante, à imagem. A narrativa está na imagem, já é a imagem. Está na instantaneidade da imagem. A narrativa, no entanto, desvia nossa atenção da imagem para a linguagem. Temos a necessidade de comunicar uma imagem, mas uma imagem não se conta, recebe-se. A narrativa nos devolve ao ego devolvendo-nos à duração, a um sentido de continuidade, à sequência, ou seja, tudo aquilo que define o ego. Esse ponto já foi muito bem levantado por Patricia Berry. Também ela aponta o fato de que a análise tende a enfatizar o narrativo em vez do imagético[178], o que nos faz pensar que a própria terapia analítica pode estar apenas reforçando o domínio do ego sobre a alma[179]. A alma não sente a duração, ela é instan-

---

177. Berry, P. (2014). *O corpo sutil de Eco*. Vozes, p. 84.

178. "A análise tende a enfatizar o narrativo, em vez do imagético, ainda que a ênfase de Jung na pintura e na escultura tenha ajudado a restaurar a primazia da imagem" (Berry [2014]. *Op. cit.*, p. 85).

179. Se o ego está para a alma como a prosa está para a poesia, talvez possamos, por outro lado, enxergar nessa terapia a imagem de um "ego poroso", na esteira da "prosa porosa" (*ventilated prose*) com que sonhou Augusto de Campos, nosso anticrítico por excelência, ele por sua vez na esteira das indicações de uma "prosa ventilada" de Buckminster Fuller. É uma prosa permeada de poesia. A ideia de um "ego poroso" traduz uma consciência que deixa sua porta entreaberta. Para essa consciência, tudo é poroso, tudo oferece aberturas, possibilidades, entradas, vãos, duplicidades. É uma consciência infundida pelo *puer*, modelo de uma

tânea. A narrativa enfatiza o ego; a imagem apresenta a alma, onde ela está e o que está fazendo. Ostra e pérola.

A ênfase no instante não é a ênfase no tempo. O contrário da ideia de tempo não é o não tempo ou o além do tempo, mas... isso que aconteceu agora mesmo entre nós: o instante. Uma percepção única significa a percepção do único. E o instante não é apenas o que vivemos, mas o modo como vivemos, assim como a imagem não é algo visto, mas uma maneira de ver, como tantas vezes insistiram James Hillman e Edward Casey. Precisamos de instantaneidade na psicologia para lermos imagens, e pessoas. O instante não tem medida. É incomensurável. É impermanente. A imagem é uma apresentação onde a duração está suspensa.

O paralelo com a literatura é fácil e rico, e com ele quero terminar. O haicai é a fórmula poética mais instantânea que temos, ainda que muito complexa, e deságua no instante, é ele mesmo a revelação do instante. Haicai, a poesia anti-heroica por natureza. O haicai é a menor forma poética que existe, como o instante é a menor unidade de tempo. O vento faz a árvore cantar, e ela canta por um instante. Participamos desse instante. Estamos na imagem. A neve cai de uma folha de bambu, somos essa folha de bambu[180]. A vida nos escorre. Todo instante é único, e aprendemos com o instante a perceber o único. No haicai, o eu de quem escreve desaparece, e com ele a

---

consciência urdida na terapia, consciência dupla, em dois tempos, que abre fendas no próprio tempo, minimizando assim seu literalismo aprisionante e adoecido.

180. Akmakjian, H. (1980). *Snow falling from a bamboo leaf: the art of haiku*. Capra Press.

duração. Na psicologia, para percebermos o único, o eu também deve desaparecer. Para percebermos a individuação, o indivíduo deve abrir caminho, de uma certa forma "desaparecendo". Devemos estar livres do ego. Haicai é pura imagem. A alma a produz, a alma deve recebê-la. Com o haicai, percebemos que a reconquista do instante é sempre uma exclamação! Uma exclamação psicológica, não um ponto final, uma vírgula, tampouco reticências, que apenas nos devolveriam ao tempo cronológico. Como também observou Bachelard[181], "as reticências 'psicanalisam' o texto. Deixam em suspenso o que não deve ser dito explicitamente". Ora, psicanalisar, nesse caso, é voltar no tempo e é voltar ao tempo. Estamos de volta à infância, ao passado, à duração. Mas uma imagem nunca é reticente, ela é, ao contrário, precisa. Tem a precisão do instante. A economia da imagem é a economia da precisão, apenas do que é absolutamente necessário. Como nos ensina o *haiku*. Tente observar os sonhos dessa forma. Patricia Berry ensinou-nos há bastante tempo que tudo o que é necessário está na imagem, o que implica dizer que tudo o que está na imagem é necessário.

O poeta é o guia natural do terapeuta. Gaston Bachelard tem sido meu guia para muitos temas, na psicologia e na vida. Aqui, junto a tantos outros poetas, ele o foi novamente, com relação ao tempo e à sua experiência psicológica, o instante. Para lembrá-lo ainda uma derradeira vez, conta-se que em seu leito de hospital, em seu leito de morte, sua última fala foi perguntar à filha Suzanne: "Que horas são?"

---

181. Bachelard, G. (1997). *A água e os sonhos*. Martins Fontes, p. 38.

10
A amizade e suas metáforas

> *Disse anteriormente que o amor é trágico; acrescento que a amizade é uma resposta à tragédia.*
> —Octavio Paz

Da *fratria* à *philia*

Da *fratria* à *philia*, desenha-se na alma um percurso que, ao mesmo tempo que amplia seu horizonte afetivo, também traz para perto, para dentro, aproxima e ensina as lições da intimidade. Esse percurso chama-se *amizade*. Muitas são suas metáforas, seus símbolos, suas imagens, que apresentam aquele que já foi entendido, num plano individual, como o mais elevado *eros* de que a experiência humana é capaz. Fidelidade, lealdade, altruísmo, confiança, confidência, franqueza, afeição profunda, cumplicidade, companheirismo são alguns de seus sentimentos mais nobres e bem difíceis. Também difíceis e trabalhosas são as torturas de seus afetos mais sombrios: traição, rivalidade, inveja, ciúme, inimizade, ódio, disputa, agressão, rupturas.

A amizade espelha os deuses e os heróis, espelha a natureza, espelha o cosmo, espelha a sociedade e a política em seus enlaces mais elaborados. Os laços políticos, as relações na *polis*, são, em última instância, relações de amizade, ou deveriam ser, e tudo ali depende dela. Dos

Três Mosqueteiros aos Três Patetas, da bravura à trapaça, passando por tantos modelos paradigmáticos ao longo da história da imaginação, tais como os relacionamentos entre Gilgamesh e Enkidu, Rumi e Shams de Tabriz, Davi e Jônatas, Dom Quixote e Sancho Pança, Sherlock Holmes e Watson, O Gordo e O Magro, a amizade revela a riqueza da alma, a riqueza de cada alma, e ainda até onde ela pode chegar com seus sonhos, seu heroísmo, sua comédia. A filosofia, a sociologia, a arte, a literatura, a crônica dos costumes, o cinema, as séries de TV e a fotografia se ocuparam e se ocupam constantemente dela. Mas qual será sua psicologia? Afinal, para quê servem os amigos, e o que a alma de fato intenciona com esse *eros*? Perguntas difíceis, talvez sem respostas únicas. O que a sabedoria proverbial e as locuções populares revelam desses laços? E a pergunta mais importante: afinal, o que é, de fato, aceitar o outro como ele realmente é? Quando isso se torna possível? Qual a luz desse mistério que está encerrado no lado esquerdo do peito?

A breve meditação que procuro elaborar aqui aborda tais questões do ponto de vista da psicologia junguiana arquetípica, buscando estender a compreensão em torno do panorama mais amplo do *arquétipo fraterno*. Entendo que esse arquétipo está na base dos padrões inconscientes que modulam e tornam possível para nós a experiência tão vital da amizade. Escrevo estas notas a fim de compreender melhor o grande desafio da amizade, que se inscreve para mim na tarefa ainda maior da fraternidade.

O lado esquerdo do peito

O "lado esquerdo do peito" junta a esta reflexão uma poderosa metáfora que lança nosso tema no lugar certo: o coração, a vida afetiva. Jung falou da importância do lado esquerdo na alquimia e mencionou o Caminho da Mão Esquerda do tantrismo indiano ao trabalhar com uma das pranchas do *Rosarium Philosophorum*. Naquela prancha, Rei e Rainha alquímicos mostram sua ligação essencial através da união pela mão esquerda. O Caminho da Mão Esquerda é também o caminho da magia negra na tradição esotérica ocidental, e normalmente seus adeptos são chamados de bruxos. Psicologicamente, o lado esquerdo é o lado obscuro, inconsciente, caracterizado por Jung como "ilegítimo, morganático, emocional e instintivo"[182]. Portanto, a metáfora do esquerdo coloca os laços emocionais num plano sinistro, o plano do coração, e "dele saem não só o amor, mas com ele também os maus pensamentos", novamente segundo Jung[183]. Em nossos amores e amizades, estamos portanto em terreno ambíguo, instintivo, mais escuro do que claro, e a alma dança propiciando luz e sombra.

* * *

Para começo de conversa, o sentimento da amizade é múltiplo, policêntrico, digamos, politeísta. Também nela incidem os deuses, e nossa psicologia mostra que ela pode

---

182. Jung, OC 16/2, § 419.
183. *Ibid.*, § 410.

ser vivida no tom afetivo de diferentes arquétipos. Há vários tipos de amizade: do puro coleguismo trivial de que nossas vidas estão cheias, ao companheirismo mais leal e comprometido daqueles a quem chamamos de melhores amigos; do amigo imaginário ao amigo morto; da amizade epistolar dos antigos (os *pen friends*) aos amigos virtuais, que adiciono nas redes sociais muitas vezes sem conhecer pessoalmente, uma amizade sem corpo; do preto no branco das relações de verdadeira sinceridade ao descompromisso da amizade colorida. Sim, esse vínculo se mostra tão plástico e variável quanto essencial. Não vivemos *plenamente* sem amigos, a vida é triste sem eles. Tanto para Platão quanto para Aristóteles, até a Renascença e seus filósofos, escritores e artistas, ela, a amizade, é tida como a consequência natural de um *eros* bem formado, e a capacidade para a amizade marca a medida para a qualidade da alma de um homem.

Às vezes ela está aqui, entre nós, surpreendendo como um espanto na intimidade dos laços mais profundos, mais vinculados e silenciosos, quando então basta um leve toque de Afrodite e ela estará quase na beira do amor carnal. Às vezes a amizade está no mundo, querendo abraçar o mundo e suas ideias, suas revoluções, amor de camarada. Ou um toque de Hermes e a amizade é malandra, viajando nas bordas das vantagens, das espertezas, das trocas e das incertezas. Até mesmo a formalidade apolínea das convenções, que muitas vezes estão ali para guardar e proteger o afeto, desenha uma amizade não menos profunda ou significativa.

Uma coisa é certa, não existe amor sem amizade, e dizemos que a amizade é um tipo de amor, um tipo de amor poderoso, pois enfrenta e vence barreiras de idade, raça, cor, preferência sexual, família, tribo, partidos, ideologias, nacionalidades, geografias. Em outras palavras, a amizade vence as barreiras do ego, porque somos amigos muitas vezes de quem não queremos, ou não intencionamos, ou não sabemos, e tantas outras vezes queremos ser amigos daqueles de quem não conseguimos reciprocidade afetiva, um fracasso que deixa a alma perplexa. Isso me faz pensar que a amizade pertence à *anima*, não a nós. Ela é quem decide, nós a seguimos. Ou não seguimos, e nos empobrecemos. Já se disse que a flecha de *eros* cai onde ela quer (uma verdade psicológica que James Hillman enunciou[184]), e isso tanto no amor como na amizade. Aqui, para mim, a lição da *anima* é que nossa existência não é solitária, mas uma existência *com* o outro, uma existência em comunidade. O amor nunca é sozinho, como uma abstração da mente apenas, ou uma onda no coração, mas é sempre um amor *com* o outro. Chamar esse Outro de "Inferno" – "O inferno são os outros", na peça *Entre quatro paredes*, de Jean-Paul Sartre[185] –, num niilismo existencialista pessimista, criando apenas o vazio e a solidão, ou de "Paraíso perdido" – *O paraíso são os outros*, texto de Valter Hugo Mãe[186] –, na projeção ingênua e inconsciente das carências oceânicas existenciais mais profundas, criando apenas dependência e mistura, é secundário à obrigação anímica da convivência. A *anima* é relacional, e em nossa psicologia já foi chamada de "fun-

---

184. "A flecha cai onde quer; só nos resta segui-la" (Hillman [1984]. *Op. cit.*, p. 92).

185. Sartre, J.-P. (2022). *Entre quatro paredes*. Civilização Brasileira.

186. Hugo Mãe, V. (2018). *O paraíso são os outros*. Biblioteca Azul.

ção de relação" – mediadora, disse Jung[187]. E. lembrando o que disse Montaigne em seus famosos *Ensaios*, um livro escrito, diga-se de passagem, para dar conta de amenizar a dor de uma grande amizade perdida, "a amizade nutre-se de comunicação". "Sua prática apura a alma", também diz o ensaísta[188]. Esse "apurar" da alma depende da convivência, e toda convivência, toda convivência feliz, aspira a ser uma amizade, sonha uma amizade.

* * *

A amizade é uma via de duas mãos: se não houver troca, não há amizade. Mas troca não é comércio, que são trocas pagas; e essas não são amizade, são comércio ou, muitas vezes, prostituição bem realizada – qualquer que seja o tipo: do corpo, da alma, dos afetos, das ideias, dos valores. Os sentimentos e afeições a que damos o nome de "amizade" são um tipo de vínculo essencialmente amoroso, a rigor não contém a discórdia, o ódio, a inimizade – embora, claro, possa e deva conter a divergência, a diferença, a crítica, a dor e até mesmo a censura. Afinal, o

---

187. Jung, OC 7/2. Em 1932, Jung deu uma série de conferências sobre a psicologia da kundalini ioga, onde encontro esta frase: "A individuação é o tornar-se aquilo que não é o ego, aquilo que você não é, você se sente como se fosse um estranho" (Jung, C. G. (1999). *The psychology of Kundalini Yoga: notes of the seminar given in 1932*. Princeton University, p. 39). Essa já é uma maneira de compreender que tornar-se aquilo que não é o que conheço de mim, mas o outro dentro de mim, aponta, de alguma forma, para a ambiguidade fundamental, o estranho dentro de mim.

188. Montaigne, M. de. (1972). *Ensaios*. Abril Cultural, p. 96-97.

amigo nos corrige. Diz-se que para sermos amigos devemos amar, respeitar, questionar e aceitar – quatro verbos difíceis, quatro ações no mundo para as quais não cessamos nunca de nos preparar, para as quais nunca estamos totalmente prontos, especialmente numa cultura como a nossa, a ocidental, para quem o padrão das relações simétricas começa mitologicamente com um assassinato, irmão que mata irmão, Caim e Abel. Todo mundo conhece essa história que coloca logo de início as relações de horizontalidade num panorama sombrio, trágico. Examinei essa ferida em outro trabalho[189]. A inimizade, portanto, é, a meu ver, um vínculo partido, desfeito, onde, na verdade, as lógicas que a adentram e constituem são as do poder, e não as do amor. É importante enxergar essa sombra como tal, pertencente a essa complexidade do amor a que chamamos amizade. Pensar a amizade é refletir sobre esse tipo de amor. O contrário da amizade não é a inimizade, é a indiferença, não estar vinculado, o não amor. Indiferença, que é um dos nomes do desamor. Os verdadeiros inimigos, assim nos diz a psicologia profunda, ali onde os enxergamos, há quase sempre a projeção de uma sombra não integrada. Assim, ainda estamos presos em nós mesmos. O ódio e a inimizade são um tipo de vínculo muito bem focado, não indiferente. Esse vínculo enxerga o Outro com nitidez extraordinária.

Talvez seja mesmo como já sugeriu James Hillman[190] com relação a toda "coisa" psíquica, numa expressão muito

---

189. Barcellos (2018). *Op. cit.*

190. Hillman, J. (1985). *Uma busca interior em psicologia e religião*. Paulinas, p. 58.

feliz que deve ser lembrada aqui quando falamos de amizade: diz ele que devemos "amigar" ("*befriend*") os sonhos, tornar-se amigo do sonho, ou seja, "participar dele, entrar em suas imagens e ânimo, querer conhecê-lo melhor, entendê-lo, brincar com ele, vivê-lo, carregá-lo, familiarizar-se com ele, enfim tudo o que se faz com um amigo". Essa é a atitude que nos conduz, nada mais nada menos, a uma verdadeira experiência da interioridade, a um "sentido de alma" – o que nos mostra mais uma vez que a amizade é coisa da *anima*, assunto de alma. E mostra também que com a alma devemos fundamentalmente nos relacionar.

* * *

Também a astrologia, como campo simbólico-mitológico, entendida como uma psicologia dos arquétipos, conta-nos como as relações do imenso território do Outro são construídas: na terceira casa, correspondente ao signo de Gêmeos, que é a casa do *irmão*; na sétima casa, correspondente ao signo de Libra, a casa da *parceria*; e na décima primeira casa, correspondente ao signo de Aquário, a casa da *amizade*. Do irmão ao parceiro e ao amigo: um percurso na horizontalidade.

Podemos entender perfeitamente que esses níveis estão interligados, pois os sistemas simbólicos os colocam no mesmo horizonte afetivo. A *philia* não só emerge, como também depende da *fratria*. A *fratria*, arquetipicamente falando, é matriz da *philia* – exatamente o que nos permite entender os laços de amizade eletiva como laços fraternos, laços que, em última instância, inscrevem-se dentro da lógica desse arquétipo. São laços e expressão de um *eros* que Platão entendia como o mais alto nível do Amor compreendido num plano individual[191]. Assim, o arquétipo da *fratria* parece ser um campo mais amplo de atualizações de experiências afetivas, onde entram os amigos mais íntimos, os quais, tantas vezes, chamamos mesmo de "irmãos":

> Nossas experiências como irmãos e irmãs determinam e organizam nossa capacidade de fazer e manter amizades. Posições, papéis, modos de amar, esperanças e desejos não resolvidos, fracassos e ressentimentos, vergonhas e culpas forjados no sistema fraterno de origem são levados aos relacionamentos com nossos amigos e colegas, e ali são constantemente re-ativados [...] tanto no cotidiano dos laços mais íntimos com nossos melhores amigos, mas também na formalidade e nas obrigações das relações nas organizações profissionais, nos grupos e na comunidade. Nossos irmãos, ou nossas irmãs, são nossos primeiros iguais, e com eles são formadas as alegrias, as tristezas, as expectativas e as feridas das relações simétricas, regidas pelo arquétipo fraterno. Em outras palavras, nossos irmãos e nossas irmãs voltam a nós em nossos amigos. Nossos amigos tornam-se nossos irmãos/irmãs. Assim, as relações de amizade são também um espaço para redimirmos as feridas e os conflitos do sistema fraterno.[192]

* * *

---

191. Cf. Gregory, E. (1983). *Summoning the familiar: powers and rites of common life*. The Pegasus Foundation.

192. Barcellos (2018). *Op. cit.*, p. 55.

Amizade é aceitar o outro como ele realmente é. Esta era a pergunta do início: como fazê-lo? Por que fazê-lo? Um lugar-comum é dizer que a amizade é fundamental porque nossos amigos são nosso espelho, que através deles podemos nos enxergar naquilo que somos. Que bobagem. Aceitar o outro como ele realmente é não tem nada a ver com isso. Para mim, essa ideia de "espelho" mantém-nos trancados em nós mesmos, procurando apenas por nós mesmos, enxergando apenas a nós mesmos nas tais projeções inconscientes da sombra. Logo Narciso, esse rapazinho sedutor, estará por perto, e com ele muita encrenca.

É claro que existe espelhamento na amizade, e a imaginação especular é verdadeira em si, mas prefiro pensar que um amigo não é um espelho, mas uma janela para o mundo, para outro mundo. Acho que precisamos menos de espelhos e mais de melhores janelas, janelas com boas e belas vistas. Janelas que permitam enxergar outros mundos, ou o mundo nas diversas formas como ele realmente é.

Este trabalho também poderia se chamar "A ponte e o labirinto". Com essas duas imagens, com essas outras duas potentes metáforas para a amizade, quero então terminar estas reflexões. Um amigo serve não para nos espelhar, mas para nos ajudar a *sair* de nós mesmos, a aprendermos enfim a aceitar o outro como ele realmente é. Um amigo, um amigo de verdade, é um alívio. Por isso há tanto prazer na amizade. Sem conseguir fazer pontes, simplesmente isolados, desaparecemos. Um amigo nos tira de nós, e é esse seu valor, levar-nos para um outro mundo, um mundo que talvez compartilhamos mas que também precisamos descobrir. Isso nos enriquece, apura a alma, como disse Montaigne. O sentido etimológico de apurar é aperfeiçoar, mas também descobrir. Descobrimos sobre nós mesmos ao construirmos pontes verdadeiras, não apenas ao retirarmos projeções. "Ponte" significa comunicação no mesmo nível, ligando partes afins, portanto é uma imagem magistral de simetria. A ponte tem um quê de Hermes, um quê do herói e um quê de Eros; o labirinto é a alma, a *anima* e seus enredos, seus emaranhados dos quais não podemos sair. Entre labirintos e pontes nos movemos, ora perdendo-nos dentro de nós mesmos ou no mundo, sem saída, enredados em complexos e complicações, em apuros; ora em conexão, projetados para o Outro, em direção ao Outro, apurados, comunicantes, em comunidade.

Cachorros quentes e sonhos gelados

No ensaio de James Hillman[193] "You dirty dog!", de seu volume *Animal presences*, somos orientados a considerar seriamente o que significa "seguir a natureza". Essa me parece uma ideia muito importante, e quero segui-la, pois pode nos dar uma outra perspectiva, diferente da noção mais usual que os junguianos têm usado até agora, para entender as presenças animais, ou a presença da natureza, em nossas vidas psíquicas: instinto. Essa noção, é claro, reduz os animais e o reino animal apenas à vida instintiva. Quero seguir Hillman nessa direção e considerar a imagem do cachorro – ou imagem como cachorro – em sonhos, fantasias e comportamentos, como um verdadeiro psicopompo, um guia para "terras distantes", um verdadeiro amigo que podemos seguir, pois é assim também

---

193. Hillman (2008). *Op. cit.*

que os cachorros aparecem no imaginário do folclore e de tantas mitologias mundo afora.

O cão é ambivalente: sua duplicidade mostra, de um lado, o animal doméstico que é amigo e companheiro, o animal de estimação da família; de outro, o predador selvagem, lupino e solitário. Dentre tantas características dos cachorros, quero focar apenas duas delas: orientação e lealdade (ou amizade) e como se conectam entre si.

Em primeiro lugar, "cada animal é um psicopompo", diz ele, "conduzindo a consciência humana a ceder sua exclusividade teriofóbica, restaurando a participação no reino animal"[194]. Mas que tipo específico de orientação é o cão? Se a ênfase e a importância da célebre orientação do deus grego Hermes, por exemplo, forem entendidas como tendo mais a ver com comunicação (com a troca de mensagens), talvez com o cachorro estejamos em um nível diferente de orientação na psique, um nível "mais familiar e menos conceitual", como diz Hillman[195], ainda mais "natural". Nesse nível, tenho a impressão de que a ênfase da orientação canina pode estar mais no transporte, no movimento, ajudando-nos a fazer transições entre mundos (nossos mundos diurno e noturno) ou atitudes. Os cães são companheiros verdadeiros e leais e estão sempre nos levando a algum lugar, conduzindo-nos mesmo quando nos atacam, como nos sonhos "ruins". É como se estivessem sempre tentando dissolver nossas atitudes racionais, intelectuais em respostas mais relaxadas, ou afetuosas e espontâneas.

---

194. *Ibid.*, p. 17.
195. *Ibid.*, p. 150.

Em segundo lugar, tenho a impressão de que a imagem do cachorro nos orienta ensinando algo importante sobre amizade, o cachorro como nosso melhor amigo animal. As qualidades essenciais da imagem do cão são: coragem, capacidade de resposta e lealdade. Todas essas qualidades seguem uma lição de amizade. Gostaria de fazer então algumas observações sobre a amizade, pois foi isto que aprendi com os cachorros: focar, por um tempo, a amizade.

A imagem canina na psique – nos sonhos e fantasias, nos sintomas e dores – ensina algo sobre como viver a amizade e a lealdade entre humanos, mas também nos oferece a ideia de reciprocidade na relação entre humanos e animais, num claro desafio de tornar mais simétricas essas relações historicamente tão desiguais. É uma forma de se livrar do antropocentrismo e do "especismo" (*speciesism*) – palavra criada pelo psicólogo britânico Richard Ryder para se referir à desigualdade inerente aos animais pelo fato de não pertencerem à espécie humana. É a concepção da superioridade humana que leva à exploração dos animais. Para o ser humano, reconhecer a própria animalidade numa perspectiva mais horizontal em relação a todos os animais como amigos retiraria do centro as referências históricas e psicológicas do humano, tanto individual quanto culturalmente, e permitiria ao animal construir o caminho de volta à *anima*, de volta para a alma.

Entendo que, na visão de James Hillman, o animal é o caminho pelo qual nos conectamos com a natureza. É por isso que eles podem nos ensinar a seguir a natureza. Mas, mais importante parece-me, um animal é a direção pela qual poderíamos nos conectar à alma, por meio de qualidades específicas da alma que são qualidades animais. O animal, sugiro, ensina-nos a *seguir a alma*.

Se examinamos a presença apaixonada, às vezes quente e feroz, do cachorro em muitos sonhos humanos, quando muitas vezes congelamos de medo (sonhos gelados), podemos encontrar esse propósito curativo de sua imagem em nós. A aparição do cachorro nos sonhos, o cachorro da imaginação, parece querer nos conscientizar de nossa natureza anímica, de que somos almas ainda mais do que natureza, feitos de matéria anímica. Para fazer isso, para nos lembrar da natureza da nossa alma, os cães às vezes têm que nos morder, amedrontar-nos. Animais em sonhos, mais do que restaurar nosso relacionamento com a natureza, com o corpo, estão restaurando nosso relacionamento com a psique.

Neste Ano do Cachorro [2018], a imagem canina pode ser vista como um guia para as transformações emocionais que a psique e a vida exigem. O cachorro da imaginação pode nos mostrar como passar da mera biofilia a uma zoopoética da alma.

Referências

"A imaginação das fronteiras" foi apresentado no XXIV Congresso da Associação Junguiana do Brasil (AJB), em Foz do Iguaçu, em agosto de 2017.

"O sul e a alma" foi originalmente apresentado no Simpósio Internacional de Psicologia Arquetípica do Pacifica Graduate Institute, California, em agosto de 2000, a convite de James Hillman e posteriormente publicado em *Psychology at the threshold: an international symposium of archetypal psychology* (Carpenteria, 2000). Depois, foi publicado (numa versão diferente) em meu *Voos e raízes* (Ágora, 2006) e mais recentemente em *Listening to Latin America*, edição original da Spring Publications, de 2012, e em nova edição pela Routledge em 2024. Aparece aqui em versão revista e ampliada.

"A vertigem das gavetas: ensaio sobre a intimidade" foi apresentado no VIII Encontro dos Amigos da Psicologia Arquetípica do Instituto Mantiqueira de Psicologia Arquetípica (Impar), "Gavetas", em São Francisco Xavier, São Paulo, em setembro de 2014.

"A psicopoética das varandas" foi apresentado no VII Congresso Latinoamericano de Psicologia Junguiana em Bogotá, Colômbia, em 2018, e no Simpósio Art and Psyche: The Illuminated Imagination, na Universidade da Califórnia, Santa Bárbara, em abril de 2019.

"Devaneios da ferramenta: a escuta" foi apresentado no XI Encontro dos Amigos da Psicologia Arquetípica do Impar, "Ferramentas", em São Francisco Xavier, em agosto de 2023.

"A raiz quadrada da alma: duas breves reflexões sobre matemática e alma" foi apresentado no X Encontro dos Amigos da Psicologia Arquetípica do Impar, "Raízes", em São Francisco Xavier, em junho de 2019.

"Lixo ordinário" foi apresentado no IX Encontro dos Amigos da Psicologia Arquetípica do Impar, "Lixo Ordinário", em São Francisco Xavier, em julho de 2016.

"A espreita: apontamentos sobre a psique e o feminino" foi apresentado no Colóquio Jung e a Obra do Feminino na Psique, da Société Française de Psychologie Analytique, em novembro de 2022, e depois publicado em tradução para o espanhol no *blog Paulo Pitta – Psicoterapeuta* (paulopitta.com/el-trabajo-de-la-psique-en-lo-femenino).

"Tudo é sempre agora: a psicologia do instante" foi apresentado no XXVI Congresso da AJB, em Guarujá, São Paulo, em novembro de 2022.

"A amizade e suas metáforas" foi apresentado no VI Congresso Latinoamericano de Psicologia Junguiana, em Florianópolis, em setembro de 2012, e depois, em parte, no James Hillman Symposium do The Dallas Institute of Humanities and Culture, Dallas, Texas, em outubro de 2018 com o título "Hot Dogs and Cold Dreams".

Conecte-se conosco:

f facebook.com/editoravozes

◯ @editoravozes

✕ @editora_vozes

▶ youtube.com/editoravozes

◯ +55 24 2233-9033

www.vozes.com.br

Conheça nossas lojas:

www.livrariavozes.com.br

Belo Horizonte – Brasília – Campinas – Cuiabá – Curitiba
Fortaleza – Juiz de Fora – Petrópolis – Recife – São Paulo

Vozes de Bolso

EDITORA VOZES LTDA.
Rua Frei Luís, 100 – Centro – Cep 25689-900 – Petrópolis, RJ
Tel.: (24) 2233-9000 – E-mail: vendas@vozes.com.br